Un
Scandale clérical
à Mer
(Loir-et-Cher)
vers 1920
Prix : 2 fr. 50.

UN SCANDALE CLÉRICAL

A MER (Loir-&-Cher)

Vers 1920

PAR

AGÉNOR FENOUILLARD

GRANDE IMPRIMERIE DE BLOIS
PLACE DE L'AVE-MARIA

1923

AUX ENFANTS NÉS ET A NAITRE

DES GYMNASTES

DE " LA MÉROISE " ET DE " L'ÉTOILE St-HILAIRE "

UN SCANDALE CLÉRICAL

A MER (Loir-et-Cher)

vers 1920

OU

LE CRIME DE L'ABBÉ ROZET

I. — *POURQUOI CES PAGES ?*

L'étude qu'on va lire a pour premier but de permettre au public restreint d'une petite ville de province de se former une opinion raisonnable au sujet d'une querelle locale sans gravité. Dans cette intention, nous avons autant que possible laissé la parole aux documents eux-mêmes et nous nous sommes efforcé de garder une modération polie. Que les « gens de Mer » prennent donc connaissance de ces lignes qui ont été écrites pour eux et qu'ils s'en divertissent ! Si notre ouvrage vient à tomber sous les yeux de personnes étrangères à leur canton, celles-ci nous feront certainement grand honneur en le lisant, mais nous devons les prévenir que cette lecture ne leur déchirera pas le cœur comme un roman-feuilleton. Elle attirera plutôt sur leurs lèvres le sourire des sages.

II. — *PRESENTATIONS*

Voici quelques indications sur les principales personnes qui jouent un rôle dans cette histoire.

La première personne que nous rencontrons est *une personne morale...* la ville de Mer. C'est une vieille dame de quinze cents ans et plus. Son histoire a été écrite par l'ancien pasteur protestant M. de Félice. Il y est question d'une foule de choses sinistres : l'exil, le pillage, le sang répandu... A ce sujet une réflexion s'impose. Les *mœurs des habitants* de Mer se sont considérablement adoucies depuis l'époque des guerres de religion. Les partis politiques ne *s'égorgent plus dans les rues*. Encore trois cents ans de progrès et la fraternité sera à son comble. Nos arrière-neveux s'embrasseront comme *du pain*.

Le même géographe qui a osé affirmer que « la « triste Sologne n'a point de villes considérables ». — (*Romorantinois, quel blasphème !*) — le fameux Elisée Reclus a écrit : « Mer n'a d'importance que « par ses vins et ses diverses denrées. » C'est une *abomination ! Depuis l'époque* où ce déplorable savant écrivait ses gros livres, la population de la commune a baissé de près d'un tiers, mais cela *n'empêche point* cette commune de posséder une foule de curiosités remarquables... quand ce ne serait que son conseil municipal... Chut ! on verra plus loin.

La ville de Mer compte deux Sociétés de gymnastique : *la Méroise* et *l'Etoile Saint-Hilaire*. Ces deux *jeunes filles sont à peu près du même* âge et ne se détestent pas autant qu'on voudrait le leur faire dire. Toutes deux ont remporté dans les concours auxquels elles ont pris part des succès « aussi légitimes que remarqués » dont les diplômes honorifiques, placés en évidence, perpétuent le souvenir.

Voici quelques détails techniques à l'intention de la colonie parisienne qui a pris l'habitude de venir passer l'été dans le pays et qui pourrait commettre des confusions désastreuses en attribuant à César les prouesses de Pompée : *la Méroise* porte une ceinture rouge, *l'Etoile Saint-Hilaire* une ceinture bleue; la première a des trompettes, la seconde une clique de tambours et clairons; le président de *la Méroise* (si nous nommons celle-ci d'abord c'est parce qu'elle a quelques jours de plus que sa sœur) est M. Eusèbe Gauvin, sur le compte duquel nous reviendrons tout à l'heure, le président de *l'Etoile* est M. Jean Pernet, ingénieur de l'Ecole centrale, décoré de la Croix de guerre; le directeur de *la Méroise* est M. Amiot, dont le nom rappelle à lui seul tous les grands hommes de Plutarque; le directeur de *l'Etoile Saint-Hilaire* est M. l'abbé Rozet, vicaire à Mer. Mais comme nous entreprenons le récit d'un crime dont cet ecclésiastique est l'auteur, il nous faut préciser un peu sa silhouette.

Rozet (René-Fernand-Ernest) est né à Vendôme (Loir-et-Cher), le 21 octobre 1886. Il fit ses études au lycée de cette ville, puis au petit séminaire de Blois, et, après son baccalauréat, entra dans la cléricature. Ordonné prêtre et nommé vicaire du curé de Mer, M. Hallouin, la guerre le prit à ce poste modeste, mais utile. Mobilisé comme soldat de 2e classe, puis nommé caporal et sergent au 37e d'infanterie, 9e compagnie, il a mérité les citations suivantes :

1° « Au cours d'un coup de main tenté par l'en-« nemi, a fait preuve des plus belles qualités de « sang-froid et d'énergie, donnant à ses hommes « un exemple superbe, et contribuant largement à « repousser l'ennemi qui essayait d'aborder nos li-« gnes. »

(Ordre du régiment n° 102 du 9 juin 1918. Cette citation comporte l'attribution de la Croix de guerre).

2° « Sous-officier d'une très haute valeur morale « et d'un courage remarquable. Le 23 juillet 1918 a « entraîné superbement sa demi-section à l'attaque « des positions allemandes. A été très grièvement

« blessé en se portant à découvert pour panser son « capitaine tombé sous les balles de l'ennemi. »

(Cette citation à l'ordre de l'Armée comporte l'attribution de la *médaille militaire* et de la croix de guerre avec palme. Elle a paru au *Journal Officiel* du 4 août 1920).

La blessure dont il est question ci-dessus a provoqué une « incapacité fonctionnelle » de la main et de l'avant-bras gauches dont on ne peut escompter la guérison.

A côté du nom de l'abbé Rozet on rencontrera souvent dans les chapitres suivants le nom de M. Gauvin (Eusèbe), lui aussi ancien élève du lycée de Vendôme. (O Vendôme ! toi qui laisses choir tes montagnes et déshonores tes clochers, voici deux illustrations qui ont avec toi les liens les plus étroits !) M. Gauvin est un personnage considérable. Agriculteur, viticulteur et propriétaire foncier, il est encore sénateur, conseiller général et maire. Au palais du Luxembourg on le remarque peu, car il observe dans la Haute Assemblée un silence plein de sagesse et vote avec discipline. Mais comme tous les Mérois connaissent de vue leur sénateur-maire, nous n'avons pas à entreprendre son portrait physique. Il suffira d'affirmer que quiconque a vu sa physionomie une fois seulement, ne peut plus l'oublier jamais... Quant à son portrait moral, il se dégagera, semble-t-il, suffisamment au cours même de ce récit.

Quoiqu'il ne joue aucun rôle dans l'histoire du crime, on aura certainement plaisir à savoir que M. le général Maunoury, qui est entré dans l'histoire de France de façon si glorieuse lors de la première bataille de la Marne, a demandé, dès 1913, à faire partie de *l'Etoile Saint-Hilaire* en qualité de membre honoraire. Depuis sa retraite à Herbilly, sur la commune de Mer, le grand chef mutilé a toujours conservé la même attitude bienveillante envers ses jeunes concitoyens. Il est aujourd'hui président d'honneur de la Société catholique et membre honoraire de la Société laïque.

L'Etoile Saint-Hilaire possède une chanson-marche qui lui est particulière. Nous l'insérons ici dans la pensée que ceux même qui la connaissent par cœur ont toujours satisfaction à la retrouver.

CHANSON

Paroles de X. — Musique de Michel Dillard (1)

1

Voyez passer *l'Etoile Saint-Hilaire*
Admirez tous, applaudissez sans peur !
Nos cœurs sont droits, notre devise est claire :
Nous servons Dieu, la Patrie et l'Honneur !

Refrain (avec la foule)

Ce sont les gas de Saint-Hilaire,
Qui sont plus souples que les chats.
La gymnastique est leur affaire,
Ils ont des jarrets de panthère,
Ils ont de l'acier dans les bras.

2

La tour de Mer se dresse en souveraine
Pour présider à nos joyeux ébats;
Quand le drapeau claque au vent de la plaine
Nous nous sentons des âmes de soldats.

3

Fleurissez-nous de vos plus douces roses,
Quand nous rentrons de nos concours lointains.
Ces retours-là sont des apothéoses,
Coupez pour eux l'orgueil de vos jardins !

---

(1) Pour recevoir cet accompagnement, œuvre d'un compositeur blésois des plus appréciés, demander la chanson, paroles et musique, à M. le directeur de *l'Etoile Saint-Hilaire,* Mer (Loir-et-Cher). Prix 1 franc, franco.

4

Nous combattons pour les prix d'excellence,
Pour ceux qu'on donne aux premiers des premiers;
Dans mille assauts de force et d'élégance
Nous moissonnons des fardeaux de lauriers.

5

Aux jours d'hiver, nous changeons d'exercices
En cultivant l'art de la diction :
Chacun se tord en voyant nos Jocrisses,
Nos drames font pleurer d'émotion.

6

Rendons jaloux les cadets de Gascogne,
Rendons jaloux les fiers Orléanais,
Soyons plus qu'eux hardis à la besogne,
Portons plus haut notre nom de Français.

7

Au firmament notre Etoile étincelle,
Et sa clarté nous montre nos devoirs;
Guidons nos pas sur l'Etoile immortelle,
Ouvrons nos cœurs aux immortels espoirs !

8

Quand nous serons au métier militaire,
Nous garderons sous l'uniforme bleu
Notre idéal, notre ardeur à bien faire,
Nous marcherons en chevaliers de Dieu.

9

Entendez-nous, combattants, nos grands frères,
Nous vous jurons de n'oublier jamais
Le prix sanglant de vos quatre ans de guerre,
Nous vous jurons de rester toujours prêts !

III. — *LE CRIME*

De ce que deux Sociétés de gymnastique appartenant à deux nuances politico-religieuses différentes, coexistent dans la même cité, s'ensuit-il que ces deux Sociétés soient obligées de se regarder avec des yeux louches et de se souhaiter mutuellement la mort ? Non, sans doute. La concurrence est souvent un bon levier moral. On peut supposer deux Sociétés de ce genre entretenant des rapports de vraie courtoisie française et ne connaissant d'autre jalousie qu'une émulation louable dans le perfectionnement de leur art. Cela se rencontre un peu partout. Hélas ! il n'en fut pas de même dans la ville de Mer... *La Méroise* et *l'Etoile* nourrissaient l'une pour l'autre les mêmes sentiments qui animèrent Esaü et Jacob. La première accusait la seconde de lui avoir escamoté son droit d'aînesse, ou plutôt, pour parler sans figure, quelques vieux messieurs zélés considéraient comme un véritable schisme la fondation de la Société catholique. Ces Messieurs s'en vinrent donc trouver le maire de Mer, comme de pauvres petits enfants que de méchants camarades ont rossés et qui s'en viennent pleurer dans le tablier de leur maman.

Pour donner satisfaction à leurs plaintes, M. le maire les consola de son mieux et promit d'agir. Un plan s'élabora d'un commun accord... Il n'était pas suffisant de réserver aux protégés des protestataires les subventions du budget communal et l'honneur de figurer aux cérémonies officielles. — (Ces dernières sont d'ailleurs assez pâles dans la commune depuis longtemps.) — Afin de bien marquer la désapprobation par un geste d'autorité, M. le maire prit sa bonne plume et se dépêcha de rendre un arrêté en vertu duquel les Sociétés de musique et de gymnastique ne pourraient désormais défiler au son de leurs instruments sans une autorisation préalable.

C'était le 8 avril 1911. L'arrêté fut aussitôt appliqué, et la Société catholique se vit condamnée à se promener avec des clairons muets, alors que les trompettes laïques faisaient à tout propos un vacarme splendide...

Les protecteurs de *la Méroise* revinrent bientôt à la charge. Dans l'énumération des agents d'exécution, on avait oublié de marquer les gendarmes. Lacune grave et de nature à compromettre le prestige de l'autorité ! M. Gauvin, déférant à leur désir, prit un second arrêté reproduisant les termes du premier et dans lequel l'omission était réparée.

Ce second arrêté porte la date du 21 septembre 1911. Il resta en vigueur un an et neuf mois.

Mais un beau jour *l'Etoile Saint-Hilaire,* qui se trouvait très vexée, s'avisa de défiler sans autorisation... dans la rue d'Herbilly, hameau dépendant de la commune de Mer et non visé dans les termes de la défense qui ne parlait que de la « ville ». Cette fois, les « frères et amis » se précipitèrent comme une rafale et réveillèrent en sursaut M. Gauvin, à l'heure où celui-ci faisait la sieste, les mains croisées sur son ventre :

« Eusèbe ! cette fois-ci c'est la fin de tout. Notre « arrêté est pire que s'il n'existait pas. Voilà les « curés qui font marcher leur musique dans les ha- « meaux ! Les « villotiaux » ne t'aiment déjà pas « beaucoup à cause du gaz que tu leur vends trop « cher et du ruisseau qui les empeste; si mainte- « nant « les blancs » prennent de la popularité à « la campagne, les élections sont en danger. Dépê- « che-toi de faire ce que nous allons te dire !»

M. Gauvin, déférant à leur désir, prit un troisième arrêté, reproduisant les termes des deux premiers, et où la défense était étendue à toute la commune sans même excepter les chemins de traverse.

Les trois textes successifs figurent à leurs dates sur le recueil officiel des arrêtés municipaux conservé à l' « Hôtel de Ville » de Mer, où chacun peut être admis à les contempler. Nous reproduirons uniquement le dernier, seul important pour la suite de notre histoire. Mais le lecteur est prié de se souvenir *qu'il existe trois arrêtés, dont le plus jeune abroge toujours le plus âgé et qui s'emboîtent l'un dans l'autre comme autant de pots à fleurs de jardinier.*

ARRÊTÉ RÉGLEMENTANT LA POLICE DES RUES ET DES PLACES PUBLIQUES.

« Nous, maire de la ville de Mer, vu la loi du « 5 avril 1884, articles 94, 97 et 98,

« Considérant que l'autorité locale a le devoir de « prescrire toutes les mesures tendant à assurer le « bon ordre, la tranquillité publique, et la libre « circulation des habitants sur les routes, chemins « rues, boulevards (1), et places publiques de la « commune et de prévenir toute cause de rixe et « toute excitation à la haine entre les citoyens,

« ARRÊTONS :

« Art. 1er. — *Il est interdit à toutes Sociétés musicales, chorales, de gymnastique ou autres, ap- « prouvées ou non approuvées, domiciliées ou non « dans la commune de Mer, de jouer, ou de défiler « avec accompagnement de musique, tambours, clai- « rons, ou de chant; de donner des concerts, de se « livrer à des exercices de gymnastique ou jeux « quelconques sur les routes, chemins, rues, boule- « vards et places publiques se trouvant dans toute « l'étendue de la commune sans y être préalable- « ment autorisées par le maire.*

« Art. 2. — Les crieurs publics, musiciens ambu- « lants, chanteurs, comédiens, charlatans. saltim- « banques, spectacles de curiosité, les marionnet-

(1) Malgré ce pluriel, nous ne connaissons à Mer qu'un seul *boulevard* appelé *officiellement* « boulevard de la Gare ».

« tes, les cafés concerts, ou cafés chantants et au-
« tres établissements du même genre (panoramas,
« dioramas, tirs, expositions d'animaux et tous les
« spectacles n'ayant pas un emplacement durable)
« devront se munir au préalable d'une autorisa-
« tion du maire pour l'exercice de leur profession
« ou la tenue de leurs exhibitions.

« Art. 3. — Le présent arrêté sera exécuté immé-
« diatement.

« Art. 4. — Il sera transcrit sur le registre des
« arrêtés municipaux, publié et affiché dans les for-
« mes ordinaires, et transmis à M. le Préfet du dé-
« partement.

« Art. 5. — Le commandant de la gendarmerie
« et les agents placés sous ses ordres et les gardes
« champêtres sont chargés chacun en ce qui le con-
« cerne de l'exécution du présent arrêté.

« Art. 6. — Nos arrêtés du 15 avril 1884, 8 avril
« et 21 septembre 1911 sont et demeurent abrogés.

« Fait à Mer, le 16 juin 1913.

« Le maire :
« (Signé) : E. Gauvin. »

« Ouf ! dit M. Gauvin en posant son porte-plume.
« — Cette fois-ci, « ils » sont bouclés, dirent les
« hommes politiques ». Et l'article deux sur les
« marionnettes et les expositions d'animaux, c'est
« cela qui est une trouvaille ! Cela rabattra l'or-
« gueil du vicaire. Et maintenant tenons ferme !
« — Tenons ferme ! » répondit M. Gauvin comme
un écho toujours docile.

Et, en vertu des règles si laborieusement formulées, toutes les demandes d'autorisations présentées à la mairie par l'abbé Rozet revinrent, une à une et le plus naturellement du monde, avec l'apostille laconique : « Refusé : E. Gauvin. »

C'est une grande force d'éviter les paroles inutiles et les explications superflues. « Pourquoi me « refusez-vous ? — Parce que je vous refuse. — « Mais encore ? — Parce que je vous refuse. » L'abbé Rozet, et c'est là proprement ce qui constitue son crime, ne s'inclina pas devant une décision d'une clarté aussi lumineuse. Il entreprit de passer outre. Du coup les deux gardes champêtres, les gendarmes, la police entière fut sur pied. On vit même des femmes, émules des héroïnes de notre histoire, qui prêtèrent à la maréchaussée un concours bénévole et apprécié !

Cependant le criminel vicaire s'obstina : « Il est « abusif, dit-il, de refuser aux enfants des habitants « du pays une liberté que l'on accorde toujours, « non seulement à *la Méroise*, mais aux Bohémiens, « aux Hongrois, aux nomades de toute farine et « de toute nation, lesquels obtiennent de mener « leurs charivaris aussi souvent qu'ils le veulent, à « toute heure de jour et de nuit, et qui ignorent même « me au besoin l'arrêté qui n'est affiché nulle part « à l'entrée de la commune... »

Mais « les amis du maire » lui répondirent :

« On voit bien que vous voulez rétablir l'Inquisition. Ces gens que vous calomniez devraient « vous servir de modèles. Il est vrai qu'ils chipent « un peu partout et qu'au besoin ils joueraient du « couteau, mais ils amusent les gens sans arrière « pensée de religion ou de politique, et respectent « M. le maire que d'ailleurs ils ne connaissent pas. « Ce sont donc des personnes honorables à qui vous « faites tort en parlant de la sorte. Oh ! si au lieu « d'être un curé français vous étiez seulement une « danseuse boche ! On vous donnerait bien volontiers ce que vous demandez. Car nous connaissons « la galanterie, nous autres ! »

L'abbé Rozet, voyant que la police agissait avec vigueur et que la résistance était impossible, adopta une ligne de conduite plus patiente. S'inclinant en apparence, le sournois déféra les refus du maire de Mer au Conseil d'Etat en annulation pour excès de pouvoir et fit tout exprès le voyage de Paris.

On était alors dans le second semestre de l'année 1913.

IV. — *LA REQUETE EN HAUT LIEU*

On prétend que le puissant sénateur-maire était sollicité de fabriquer un quatrième « pot à fleurs », c'est-à-dire de prendre un quatrième arrêté reproduisant les termes des trois premiers dûment abrogés, et les complétant de manière à appeler cette fois à la rescousse les cantonniers et la compagnie entière des sapeurs-pompiers, — lorsque l'empereur allemand se chargea de détourner le cours des pensées du plus grand nombre de la façon brutale que l'on sait. Au milieu du fracas des armes et du lamentable carnage de la jeunesse française, toutes les broutilles de la politique de clocher disparurent. Elles ne convenaient point à la majesté de l'heure. Le Conseil d'Etat fut appelé à bien d'autres travaux. Mais c'est une justice à rendre à l'administration française : *elle est persévérante.* Le 6 août 1915, l'arrêt concernant les décisions du maire de Mer fut enfin rendu. Le voici :

N°54.583. — CONSEIL D'ETAT,

STATUANT AU CONTENTIEUX.

Société de gymnastique *l'Etoile Saint-Hilaire.*

(Lu à l'audience publique le 6 août 1915).

« Vu la requête et le mémoire ampliatif présenté
« par la Société de gymnastique *l'Etoile Saint-Hi-*
« *laire,* association déclarée dont le siège est à Mer
« (Loir-et-Cher), agissant poursuites et diligences

« de son président en exercice, et tendant à ce « qu'il plaise au Conseil :

« Annuler pour excès de pouvoir deux décisions « en date des 7 juin et 24 juillet 1913, par lesquelles « le maire de la commune de Mer lui a refusé l'au- « torisation de défiler au son de ses tambours et « clairons sur les voies publiques de l'aggloméra- « tion,

. . . .

« Ouï M. Guillaumot, maître des requêtes, en son « rapport,

« Ouï Me de Valroger, avocat de la Société de « gymnastique *l'Etoile Saint-Hilaire,* en ses obser- « vations;

« Ouï M. Corneille, maître des requêtes, commis- « saire du gouvernement, en ses conclusions;

« Considérant qu'il appartenait au maire de la « commune de Mer de prendre en vertu des pou- « voirs de police qu'il tient des articles 91 et 97 « de la loi du 5 avril 1884, des arrêtés subordon- « nant, dans l'intérêt du maintien de l'ordre et de « la sécurité publique, à une autorisation, la sortie « des sociétés de musique et de gymnastique sur la « voie publique;

« Mais considérant que la Société de gymnastique « *l'Etoile Saint-Hilaire* a demandé l'autorisation « exigée par les arrêtés municipaux en vigueur les « 2 juin, 24 juillet et 8 septembre 1913, que le maire « de Mer lui a constamment refusée; que ces déci- « sions n'étaient justifiées par aucun motif tiré de « la nécessité de maintenir l'ordre public; que, dès « lors, la Société requérante est fondée à soutenir « que, dans l'application qui lui a été ainsi faite des « règlements municipaux, le maire de la commune « de Mer a excédé ses pouvors;

« DÉCIDE :

« Article Ier. — Les décisions du maire de la « commune de Mer sont annulées.

« Article II. — Les frais de timbre exposés par « la Société requérante sont à la charge de la com- « mune de Mer.

« Article III. — Expédition de la présente déci- « sion sera transmise au ministre de l'Intérieur. »

Certaines personnes peu familières avec les questions de procédure peuvent souhaiter quelques éclaircissements sur le rôle du Conseil d'Etat et sur la valeur de ses décisions. A leur intention, il faut indiquer ici que le Conseil d'Etat est en matière administrative le juge suprême en même temps que le juge de droit commun. C'est un organe régulateur dont les décisions s'imposent même au Président de la République et aux ministres. La loi du 24 mai 1872 dispose, en effet, (art. 9) : « Le Conseil d'Etat sta- « tue souverainement sur les recours en matière « contentieuse administrative et sur les demandes « d'annulation pour excès de pouvoir formées con- « tre les actes des diverses autorités administrati- « ves. » Il n'y a d'exception que pour les actes qui revêtent la forme législative et sont, comme tels, votés par le Parlement.

Et qu'on ne prétende pas que l'annulation ci-dessus est une conséquence de la détente en matière de politique religieuse dont l'Etat français a fait preuve depuis la déclaration de guerre. Pour l'honneur du Conseil d'Etat, la vérité est que sa jurisprudence, dans les cas de la nature de celui qui nous occupe est fixée depuis 1887 à peu près. On trouve jusque sous le ministère Combes des arrêts semblables à celui que nous avons reproduit. Si la question vous intéresse, voyez en particulier dans les recueils spéciaux l'arrêt du 1er juillet 1898 rendu à la requête de la Société *la Seynoise,* dans le département du Var. Présentement les arrêtés rendus pour sorties de Sociétés de musique ou autres sont au nombre de sept ou huit par an en moyenne.

V. — *ACCORD PARFAIT*

Onze novembre mil neuf cent dix-huit !

Un immense soulagement s'empare de la France. C'est l'allégresse de la victoire à laquelle se mêle le deuil inouï de un million cinq cent mille morts, la fleur de la jeunesse, que les Allemands ont tués.

Successivement, selon les échelons de la démobilisation, les soldats épargnés, quittent l'uniforme et rentrent dans leurs foyers. Mais ces hommes qui viennent de vivre si dure vie et de faire si sublime ouvrage se sentent l'âme changée. Les hypocrisies du vieux radicalisme arrondissementier paraissent aux plus sectaires de naguère de bien fades mesquineries. Comment en serait-il autrement ? Des gens qui se sont rencontrés dans le même élément de tranchée, devant les mêmes adversaires, qui ont barboté dans la même boue et qui ont partagé le même pain pendant des mois et des années, qui parfois se sont sauvés mutuellement la vie en trouvant cela tout naturel, ces gens-là, rentrés dans leur foyer, refusent obstinément de se tourner le dos et de se chercher chicane à propos de divergences politiques ou religieuses. D'ailleurs les hommes d'Etat donnent l'exemple. Le grand Clémenceau, qui se vante d'être athée, entre ouvertement dans les églises, et le maréchal Foch, qui s'honore d'être dévot, est décrété « avoir bien mérité de la Patrie. » Le président de la Chambre des députés parle de Dieu à la tribune et M. Poincaré rend hommage aux ministres des différents cultes. Il y a même des esprits pusillanimes qui se demandent avec inquiétude où est « le manche », et si, pour être agréable au gouvernement, on ne sera pas bientôt obligé d'aller à la messe avec un gros livre...

L'abbé Rozet revint à son poste un peu plus tôt qu'on ne s'y attendait à cause de « l'impotence fonctionnelle » de son bras gauche. Il réorganisa aussitôt *l'Etoile Saint-Hilaire*. La Société comptait, hélas! six tués à l'ennemi parmi ses anciens. Mais grâce aux jeunes recrues qui se présentèrent, elle parvint vite à faire de nouveau figure dans les rues et dans les concours.

M. Gauvin, après s'être renseigné à bonnes sources sur l'orientation de la politique religieuse et surtout sur la valeur des décisions du Conseil d'Etat statuant au contentieux, prit une attitude aimable et gracieuse. Il permit d'une façon habituelle le défilé « en fanfare » du numéro deux de la place du Mail, siège social de la Société, jusqu'à l'église, soit sur un parcours d'une centaine de mètres. Il se risqua même à permettre des sorties plus importantes... Et cela ne produisit aucun trouble. Les gymnastes ne reçurent ni trognons de choux, ni pommes cuites. On vit, au contraire, des gens de toute opinion trouver raisonnable ce revirement de jurisprudence. « L'union sacrée » comme c'est beau !

VI. — *EMBRASSADES*

L'abbé Rozet et ses gymnastes se seraient facilement contentés de la bienveillance nouvelle de M. le sénateur-maire. Ils considéraient l'histoire comme terminée et rendaient grâces à Dieu et au Conseil d'Etat. Mais les choses ne se passent point à Mer comme ailleurs. La commune de Mer a un Conseil municipal d'un genre tout spécial. Ce Conseil jugea qu'il était temps pour lui d'intervenir et de manifester à son tour la bonté de son cœur. Il le fit bruyamment et voici le compte rendu exact de sa délibération à ce sujet. Le texte qu'on va lire a été copié avec tout le soin imaginable sur le registre officiel des procès-verbaux des séances et par conséquent tout Mérois peut facilement en vérifier la parfaite authenticité (1) :

---

(1) Loi du 5 avril 1884, article 58 : « Tout habitant ou contribuable d'une commune a le droit de

EXTRAIT

DU REGISTRE DES DÉLIBÉRATIONS DU CONSEIL MUNICIPAL DE LA COMMUNE DE MER.

« L'an mil neuf cent vingt, sept juin, à quin-
« ze heures, le Conseil municipal de la commune de
« Mer, dûment convoqué, s'est réuni à la mairie, au
« lieu ordinaire des séances.

« Présents : MM. E. Gauvin, maire, président;
« Lasnier et Venot, adjoints; David Jules, Bourgouin
« Louis, H. Sardon, E. Giot, Gentils-Durand, Char-
« pentier J., Deschamps Jean, E. Piger, H. Rossignol,
« A. Grillon, H. Huron, Daniel Viollette, A. Guillon,
« H. Lair, Paul Cavier, Jullien Maigret.

« Absents : MM. H. Denoyers, A. Dutems, P. Beau-
« chet, Chaupheton. Secrétaire : H. Rossignol. »

. . . .

« Toujours à la même séance.

« Le Conseil municipal :

« Considérant que la Société musicale « la Fra-
« ternelle »(1) fait concert aujourd'hui, émet le vœu
« qu'il serait désirable que les deux sociétés musi-
« cales soient fondues en une seule.

« Même vœu pour les sociétés de gymnastique et
« de sport.

---

demander communication sans déplacement, de prendre copie totale ou partielle des procès-verbaux du Conseil municipal, des budgets et des comptes de la commune, des arrêtés municipaux. Chacun peut les publier sous sa responsabilité.

(1) Il y a à Mer deux Sociétés de musique : *la Fanfare municipale*, subventionnée par le budget communal, et *la Fraternelle*, cette dernière indépendante. On comprend que nous ne puissions insister ici sur les démêlés de *la Fraternelle* avec le pouvoir local. Il faudrait tout un volume spécial.

« M. le maire est chargé de transmettre ce vœu « aux Sociétés intéressées desquelles M. Jean Pernet « est président.

(*Fin de la délibération*).

. . . .

O messieurs les conseillers municipaux de la commune de Mer, vous êtes grands, généreux, magnanimes ! Vous l'êtes jusqu'à l'excès. Vous êtes jusqu'ici les seuls en France qui ayez formé le projet inouï de fondre ensemble un patronage catholique et une association post-scolaire laïque, car en somme c'est à cela que se ramène votre proposition.

O Jules Ferry ! tressaille sous ton suaire : ton œuvre est en péril : les héritiers de ta pensée livrent à l'Eglise les jeunes gardes républicaines !

Un soupçon cependant se glisse dans notre esprit. Notre imagination s'emportait dans des régions sublimes, nous allions entamer une comparaison de style large entre l'idéal réligieux et les principes laïques... La réalité serait-elle plus près du sol ? La proposition municipale ne renferme-t-elle pas une habileté secrète et pourtant assez grossière, comme un violent poison caché sous des fleurs ?

J'embrasse mon rival, mais c'est pour l'étouffer,

dit un personnage du théâtre classique.

Pour éviter toute apparence de jugement téméraire, nous laisserons au lecteur lui-même le soin de se former sur les véritables intentions de l'édilité méroise une opinion plausible. La suite du récit l'y aidera certainement.

D'ailleurs reconnaissons immédiatement que la résolution a été votée par plusieurs braves gens qui n'ont certainement voulu voir en elle qu'une manifestation de plus en faveur de l'union sacrée. On ne saurait leur en vouloir.

M. Pernet reçut donc une lettre de M. le sénateur Gauvin lui proposant la fusion des Sociétés de musique et celle des Sociétés de gymnastique et de sport. Il prit avant de répondre le temps de réfléchir, s'informa et s'arrêta à cette conclusion que, quelles que fussent les intentions du Conseil municipal, les supposât-on pures comme le cristal, il y avait avantage, et même, en ce qui concerne les Sociétés de gymnastique, nécessité, de garder aux associations qu'il préside leur caractère et leurs traditions propres. Il répondit donc d'une manière polie, mais claire, par la lettre suivante :

LETTRE DE M. PERNET A M. GAUVIN.

Beaumont, le 17 juillet 1920.

« Monsieur le maire,

« Je réponds à votre lettre sans date reçue le « 10 juillet, ayant pour objet le vœu émis par le « Conseil municipal de Mer, tendant à la fusion des « deux Sociétés de musique, de gymnastique et de « tir.

« Pour la Société de tir, je n'en connais person« nellement pas d'autre à Mer que la Société mu« nicipale, — je n'ai donc pas à répondre sur ce « point.

« Mais j'ai étudié avec beaucoup d'attention la « proposition du Conseil municipal, en ce qui con« cerne les Sociétés de musique et de gymnastique.

« En ce qui concerne *la Fraternelle,* tout d'abord, « la manière dont elle a été fondée, puis dont elle « a vécu, lui a appris à vouloir demeurer avant « tout ce qu'elle a toujours été, c'est-à-dire une So« ciété absolument libre; je crains qu'une fusion « complète puisse porter atteinte à cette liberté, qui « est, à son avis, une condition essentielle. Mais « bien entendu, elle est toute disposée à rendre ser« vice à sa commune, si celle-ci juge à propos, un « jour ou l'autre, de lui demander quelque chose « qu'il lui est possible d'accorder; elle se mettra

« alors tout entière à sa disposition, et, soyez-en « persuadé, avec grand plaisir.

« Elle ouvrira ses portes à quiconque voudra « bien lui demander de faire de la musique; elle « demandera seulement que l'on veuille bien se con- « former strictement à ses règlements.

« Mais *la Fraternelle* veut rester *la Fraternelle* « avec ses règlements, sa discipline et ses chefs, « et veut garder sa liberté absolue.

« Quant à notre Société de gymnastique, elle n'est « pas indépendante : elle est affiliée à *la Fédéra-* « *tion gymnastique et sportive des Patronages de* « *France*, et, à ce titre, elle fait partie de l'Union « régionale de Loir-et-Cher; la fusion semble en- « core plus difficile ici. *L'Etoile Saint-Hilaire* ne « demande qu'à vivre en bonne intelligence avec « *la Méroise* et elle est également prête à rendre « les services qu'on pourra lui demander, et dans « la mesure où elle le pourra.

« Mais étant donné la différence d'esprit des jeu- « nes gens, réunir les deux Sociétés en une seule, « serait une source de division dans la même so- « ciété, source d'indiscipline bien néfaste pour des « gymnastes : il y a là tout avantage à garder son « indépendance.

« Veuillez agréer, monsieur le maire, l'assurance « de ma haute considération et de mes sentiments « respectueux.

« (Signé) : J. Pernet. »

M. Gauvin s'attendait-il à cette réponse ? Il fit quelques difficultés pour laisser *l'Etoile Saint-Hilaire* sortir un jour de marché, mais il autorisa en revanche *la Fraternelle* à donner un concert sur la place publique le 12 septembre. On peut donc dire que, satisfait ou mécontent, il ne modifia pas sensiblement la ligne de conduite qu'il avait précédemment adoptée. Une fois encore les Mérois purent croire qu'on en avait fini avec ce genre de questions. C'était une nouvelle illusion.

VII. — *UNE SEANCE MEMORABLE*

Les gardiens vigilants de la pure doctrine radicale considéraient la situation d'un air consterné Voir « les autres » sortir, quel spectacle tragique ! Le pauvre M. Gauvin, malgré son prestige sénatorial, fut pris à partie et accusé de modérantisme : « Tu dors, Eusèbe, lui dirent ses « amis. » Tu fais « la sieste et le monstre de la Réaction relève la tê- « te. Allons, secoue-toi : Il faut en finir ! » Après avoir beaucoup parlé sans tomber d'accord, on convint d'inscrire la question à l'ordre du jour de la séance publique du Conseil municipal du dix-sept septembre.

La renommée veut que cette discussion ait été l'occasion d'un joli tumulte. Quoi qu'il en soit, nous ne saurions mieux faire que de mettre sous les yeux du lecteur le compte rendu de cette délibération désormais historique dans la commune de Mer. Rien ne forme la conviction comme la lecture des documents administratifs. Voici donc la copie fidèle du procès-verbal officiel. Si quelqu'un restait incrédule, en disant que c'est trop bête pour être vrai, il est prié d'aller vérifier lui-même à la mairie. D'autre part, les gens superstitieux ne manqueront pas de remarquer que le 17 septembre tombait cette année-là un vendredi.

DEUXIEME EXTRAIT

DU REGISTRE DES DÉLIBÉRATIONS DU CONSEIL MUNICIPAL DE LA COMMUNE DE MER.

« L'an mil neuf cent vingt, le vendredi dix-sept « septembre, à quinze heures trente minutes,

« Le Conseil municipal de la commune de Mer, « légalement convoqué, s'est assemblé au lieu or- « dinaire des séances sous la présidence de M. E. « Gauvin, maire.

« Présents : MM. E. Gauvin, maire, président; Ve-
« not, adjoint, J. David, Bourgouin, H. Denoyers,
« E. Giot, Gentils-Durand, J. Charpentier, J. Des-
« champs, E. Piger, H. Rossignol, A. Dutems, P.
« Beauchet, A. Grillon, H. Huron, D. Viollette, H.
« Lair, P. Cavier, Jullien Maigret, formant la majo-
« rité des membres en exercice.

« Absents : M. Lasnier, adjoint; Sardon, Chauphe-
« ton, A. Guillon.

« Secrétaire : M. Deschamps.

. . . .

« A la dite séance :

« M. le maire donne communication de la répon-
« se de M. Jean Pernet, propriétaire à Beaumont,
« de cette commune, président de la Société mu-
« sicale « la Fraternelle » et de « l'Etoile Saint-
« Hilaire », société de gymnastique, au vœu émis
« par le Conseil municipal le 27 juin 1920 suppo-
« sant (*sic*) la fusion des Sociétés musicales et de
« gymnastique.

« Lecture faite, le Conseil donne acte à M. le
« maire de sa communication.

« Mais considérant que la lettre de M. Jean Per-
« net donne implicitement à entendre qu'il y a im-
« possibilité à fusionner de la part des Sociétés
« dissidentes,

« Considérant d'autre part que la Société de gym-
« nastique « l'Etoile Saint-Hilaire », a défilé le 5
« de ce mois sans tenir compte de l'itinéraire im-
« posé par M. le maire dans son autorisation (1);
« que « la Fraternelle » a donné concert le 12 sur
« la place publique et que « l'Etoile Saint-Hilaire »
« [a demandé] à sortir dimanche prochain 19,

« Que dans ces conditions, on peut considérer
« ces demandes réitérées comme un abus de mani-
« festation.

---

(1) L'abbé Rozet avait pensé que cet itinéraire était donné à titre de simple indication.

« Après échange de vues, d'opinions, et d'avis di-
« vers et lecture donnée de l'arrêt du Conseil d'Etat
« du 6 août 1915 annulant les refus d'autorisation
« demandée par la Société de gymnastique « l'E-
« toile Saint-Hilaire »,

M. Piger fait la proposition suivante :

« Que M. le maire, usant de ses pouvoirs légaux
« en ce qui concerne la police, interdise aux So-
« ciétés dissidentes de défiler en musique dans les
« rues, donner des concerts et exécuter des exerci-
« ces gymnastiques sur les places publiques. »

« Le Conseil décide de retenir cette proposition
« et passe au vote au bulletin secret :

« RÉSULTAT :

« 13 voix se prononcent pour l'adoption et 6 voix
« contre.

« En conséquence de vote, la proposition est adop-
« tée à la majorité et M. le maire déclare qu'il y
« sera donné suite pour dimanche prochain à l'é-
« gard de la Société de gymnastique « l'Etoile Saint-
« Hilaire », qui lui a demandé l'autorisation de sor-
« tir. »

(*Fin de la délibération*).

. . . .

Qu'ils sont beaux ces conseillers municipaux de la commune de Mer en révolte ouverte contre l'Assemblée générale du Conseil d'Etat ! Qu'ils sont beaux et dignes de passer à la postérité ! C'est ainsi qu'on voyait au Moyen-Age tel noble baron féodal, menacé dans son indépendance, fortifier son donjon, convoquer ses vassaux, équiper ses hommes d'armes et résister en face au roi de France, son seigneur. Et qu'on ne crie pas à l'exagération ou au paradoxe. L'indépendance du pouvoir local vis-à-vis du pouvoir central est justement, selon tous les historiens, le caractère essentiel du système féodal.

La séance prit fin... Rouges et congestionnés par l'effort, les treize descendirent les degrés du péristyle. Avant de se séparer, ils échangèrent quelques impressions. « Cela passera-t-il à la Préfec-

« ture ? demanda le gracieux M. Pierre au solen-
« nel M. Paul. — Ça passe toujours, répondit M.
« Paul qui a beaucoup d'expérience. Le Préfet ne
« lit pas ces histoires-là. » Et la tour gothique de l'église de Mer, qui, comme chacun sait, est justement située en face de l'Hôtel de Ville, les regarda, narquoise, par les auvents de ses ogives.

VIII. — *LA RECIDIVE*

Un avis du Conseil municipal sur des matières de police constitue, en droit français, un simple « vœu » auquel le maire n'est jamais obligé de déférer. La motion Piger ne s'imposait donc pas à M. le sénateur Gauvin et celui-ci reste, après comme avant, responsable du rejet des demandes d'autorisation. Il n'est pas inutile de le remarquer ici, car certaines personnes ont insinué le contraire. La lecture du texte de la loi du 5 avril 1884, qui énumère séparément les attributions du maire et celles du Conseil, ne laisse place à aucun doute. Mais on a vu que M. Gauvin avait promis d'obéir. Et ainsi fut fait.

A la suite de l'immortelle séance du 17 septembre, l'abbé Rozet reçut la lettre suivante qui mérite bien, elle aussi, qu'on la tire de l'oubli :

LETTRE DE M. GAUVIN A L'ABBÉ ROZET.

« Mer, le 17 septembre 1920.

SÉNAT.

« Monsieur le Président (*sic*),

« J'ai l'honneur de vous informer que je vous re-
« fuse l'autorisation de défiler *en fanfare* [c'est le
« maire qui souligne] du siège de la Société au
« terrain de votre fête, à l'aller comme au retour.

« Le Conseil municipal dans sa séance d'aujour-
« d'hui considérant que les esprits sont très montés
« et qu'un conflit est à craindre, m'a invité à vous

« refuser toute autorisation de parcourir les rues
« en jouant du clairon, tambours ou fanfare (*sic*)
« ou instruments quelconques.

« Veuillez agréer, Monsieur le Président (*sic*), l'as-
« surance de mes sentiments respectueux et dis-
« tingués.

« (Signé) : E. GAUVIN,
« *maire de Mer.* »

« Les esprits très montés » et le « conflit à craindre » ont fait sourire, mais le moyen de se froisser quand on vous éconduit en termes aussi polis ? Aussi le directeur de *l'Etoile Saint-Hilaire* n'éleva aucune réclamation. Il se mit seulement à réfléchir. Le *Journal Officiel* venait justement de lui apporter quelques jours auparavant sa citation de médaillé militaire, retardée par l'inertie des bureaux; et cette gloire, qui lui arrivait, avait ranimé en lui de belliqueux souvenirs : « Un maire, pensa-t-il, « quelle que soit sa férocité, est toujours moins « dangereux qu'une mitrailleuse boche. » En conséquence, il se décida à la résistance.

Ce fut en vain que M. le « commissaire » Gaillard, qui aurait bien préféré se trouver ailleurs, lui dressa contravention le dimanche suivant, au début du défilé. Le clairon de *l'Etoile* retentit vainqueur sous les marronniers du boulevard et réveilla les échos endormis de la rue de la Brèche. On fit le grand tour sans rencontrer d'opposition, ni même l'ombre d'un opposant, car « les treize » préférèrent ne pas se montrer, usant en cela de beaucoup de tact et de dignité.

Le tambour bat, le clairon sonne.
Qui reste en arrière ?... Personne.
C'est un peuple qui se défend.
En avant !
Le chemin est fait, qu'on y passe !

. . . .

Qu'on soit libre au soleil levant !
En avant !

(DÉROULÈDE).

Le tambour-major fait tourner sa canne.
Hip ! hip ! hurrah pour *l'Etoile Saint-Hilaire !*

IX. — *CONCILIABULES*

L'an mil neuf cent vingt, le vingt-quatre octobre, à seize heures et demie, *l'Etoile Saint-Hilaire* tint à son tour des assises plénières. Les membres honoraires et les membres actifs, dûment convoqués, se réunirent au siège de la Société. Ils écoutèrent le compte rendu de l'existence de celle-ci, modifièrent leurs statuts, réorganisèrent leur bureau, et approuvèrent l'état financier, le tout avec l'unanimité de gens qui se sentent la conscience tranquille.

Comme personne ne crut devoir formuler de critique ni même d'observation, toute la durée de la réunion fut occupée par les votes et par l'allocution de l'abbé Rozet. C'était la première fois depuis les années de guerre que le directeur de *l'Etoile Saint-Hilaire* avait l'occasion de prendre la parole devant l'Assemblée générale. Il fut écouté avec le respect et la sympathie qui sont dus à sa valeur militaire et à son dévouement. Chacun à Mer et aux environs sait bien, en effet, que *l'Etoile Saint-Hilaire* est l'œuvre d'un seul homme, quels que soient les concours qu'elle a pu trouver chez tel et tel bienfaiteurs. C'est à l'actuel vicaire de Mer qu'elle doit son existence, ses statuts, l'esprit qui l'anime et une bonne part des succès qu'elle remporte. Ceux-là seuls qui ont suivi de près la vie des œuvres de jeunesse peuvent se rendre compte de la somme de travail, de patience et de fatigues que l'abbé Rozet a dépensée pour ses jeunes gens.

Mais dans l'allocution qu'il prononça ce jour-là, le directeur de *l'Etoile* s'effaça lui-même devant le souvenir des morts de l'Association qui tombèrent à l'ennemi et devant celui de M. Georges Pernet,

son ancien président, maire de la commune de Courbouzon et médaillé militaire de 1870, auquel fut réfusée la joie de voir la revanche des armes françaises. Il ne fit pas d'allusion aux difficultés suscitées par la municipalité pour les défilés et se borna à mettre bien en évidence l'impossibilité de fondre l'œuvre laïque et l'œuvre catholique, sans faire perdre à celle-ci son caractère et sa raison d'être. Elargissant aussitôt la question, il fit une déclaration qui doit être retenue : « Non, dit-il en substan-
« ce, il n'y a pas entre les jeunes gens de Mer, en-
« fants de la même petite patrie, l'hostilité qu'on
« voudrait inventer. Nous n'avons jamais eu à nous
« plaindre d'aucun des gymnastes de *la Méroise*,
« pas plus que ceux-ci n'ont, je pense, à se plain-
« dre d'aucun des nôtres. La division des opinions
« religieuses dans ce pays étant, avant tout, *un fait*,
« il est raisonnable et juste qu'il existe deux so-
« ciétés de jeunesse correspondant à chacune des
« opinions représentées. Cela n'empêche pas une
« légitime camaraderie de s'établir individuellement
« entre les membres des deux sociétés. Cette ca-
« maraderie existe, je m'en réjouis et je désire
« qu'elle continue avec la même sincérité. »

L'Assemblée s'associa tout entière à ces sentiments élevés. Elle se sépara tranquillement sous une favorable impression.

Mais à l'issue de cette réunion publique, le Bureau nouvellement élu délibéra à son tour à huis clos et s'occupa de la conduite qu'il convenait d'adopter en face de l'attitude prise par la municipalité. Cette façon de procéder était, du reste, tout à fait conforme aux statuts qui donnent au président seul l'initiative des actions judiciaires. M. Jean Pernet, dans l'exercice de ses nouveaux pouvoirs, écouta attentivement le compte rendu de l'inoubliable séance du Conseil municipal du 17 septembre, que le lecteur connaît déjà. Il fut étonné d'apprendre qu'il se trouvait être, sans le savoir, le chef des « dissidents » (du latin *dis*, à part; *sido*, je m'asseois), et, sans paraître autrement troublé, il décida de poursuivre l'affaire selon les règles légales, c'est-à-dire de déférer les nouveaux refus au Conseil d'Etat, en joignant à la requête une copie authentique des délibérations municipales, ainsi qu'une attestation revêtue d'un nombre respectable de signatures et rétablissant la vérité des faits.

La nuit était déjà tombée lorsque les membres du bureau se retirèrent. Ils convinrent de garder le secret de la décision du président aussi longtemps qu'il serait nécessaire et chacun d'eux emporta par devers soi la satisfaction d'avoir accompli un travail utile. Cette satisfaction n'allait pas sans une certaine gaîté...

Comme pour confirmer les paroles conciliantes prononcées ce jour-là par le vicaire, un certain nombre de clairons de *l'Etoile* et de trompettes de *la Méroise*, trouvant que les autorités responsables ne mettaient pas un empressement suffisant à célébrer l'anniversaire de l'armistice, entreprirent de donner, le 11 novembre suivant, une aubade improvisée à leurs concitoyens. Ils agissaient, du reste, à titre strictement individuel et sans aucune arrière-pensée de bénéfice pécuniaire... Clairons et trompettes parcoururent donc la ville à l'heure où les bourgeois timides regagnent en bâillant le lit conjugal et allèrent jusque sous les fenêtres du plus acharné des conseillers majoritaires « donner implicitement à entendre » qu'il y a tout de même une union sacrée... Hélas ! cette promenade si simple ne fut pas du goût de tout le monde. L'emprunt non autorisé des trompettes provoqua au sein de *la Méroise* des déchirements, des sanctions et même une élimination. Pauvre *Méroise* ! Si tu deviens suspecte à ton tour, on t'obligera toi-même à défiler en silence... Les gens mal avertis n'y comprendront plus goutte.

Entre temps, le maire venait de repousser une nouvelle demande que *l'Etoile* lui avait adressée, du reste uniquement pour la forme, afin de donner à sa requête en Conseil d'Etat une base plus large...

X. — *LE MINISTERE PUBLIC CONTRE L'ABBE ROZET*

M. Lasnier, premier adjoint au maire de Mer, occupe, par mandat de M. le procureur général, le siège du ministère public au tribunal de simple police du même canton. C'est un personnage amène et décoratif. Quand on le voit passer avec son pardessus confortable et son chapeau « melon », avec sa canne légère, sa cravate toujours bien nouée et son linge toujours immaculé, on croirait voir un lord anglais. Mais ce n'est ni un lord, ni même un Anglais. Il a été longtemps, dit-on, employé à Paris dans un Bouillon-Duval. Cette profession semble avoir profondément marqué son caractère qui est doux et onctueux. On suppose qu'il a beaucoup d'esprit naturel et avec cela le sens des nuances et des opportunités. Un homme de cette valeur ne saurait végéter indéfiniment dans un poste aussi obscur que celui d'adjoint au maire d'une commune de moins de quatre mille habitants. Un jour viendra, sans doute, où les électeurs sauront mieux reconnaître son mérite et l'enverront au Parlement défendre leurs intérêts.

Quoi qu'il en soit, c'est à M. Lasnier, fonctionnaire prudent, qu'il appartenait maintenant d'apprécier s'il convenait d'entreprendre une action pénale contre l'abbé Rozet à la suite du procès-verbal dressé le dix-neuf septembre, ou si, au contraire, ce procès-verbal devait aller dormir dans les cartons poudreux à côté des autres procès-verbaux du même genre qu'une compréhensible indulgence, ou peut-être parfois, — nous n'affirmons rien, — de puissantes influences privent éternellement de tout effet juridique. On sait, en effet, que l'article 471 du Code pénal met dans la compétence du tribunal de simple police la contravention aux règlements de police « légalement faits ». M. Lasnier avait d'autant plus de facilité pour trancher la question susdite, qu'il n'assistait pas à la séance du Conseil municipal du 17 septembre par suite d'un empêchement légitime, et qu'il n'avait pas, par conséquent, voté la célèbre « motion Piger » sur les Sociétés « dissidentes ». Toutefois le problème demeurait embarrassant. En effet, ne pas poursuivre constituait presqu'un manque d'égards vis-à-vis de l'autorité locale. C'était dire au maire et aux conseillers majoritaires : « Il n'y a rien à faire, vous comptez pour du beurre. » (« Compter pour beurre », en langage mérois, veut dire « ne pas compter du tout ».) D'autre part, poursuivre était s'exposer à la « mobilisation » de toute l'opinion cléricale qui ne manquerait pas de hurler à l'intolérance et à la persécution.

M. Lasnier se décida à poursuivre, et, en y réfléchissant, on trouvera que c'était la plus loyale solution. Revenir au système des procès-verbaux morts-nés, des mesures comminatoires non suivies de sanction, — système employé déjà contre le vicaire en 1913, — cela ne menait à rien, cela ne pouvait qu'énerver le principe d'autorité et faire perdre du prestige aux agents de la force publique. Au contraire, traîner le délinquant au prétoire, c'était en même temps lui fournir une occasion unique de se justifier et c'était surtout projeter sur la question de la légalité des sorties en fanfare de *l'Etoile Saint-Hilaire* la lumière éclatante d'un débat contradictoire.

L'abbé Rozet fut donc convoqué à l'audience de M. le juge de paix du canton de Mer pour le 15 novembre. Le texte même de la citation, placé sous verre dans un joli petit encadrement tricolore, est devenu l'un des ornements les plus intéressants de la salle du Patronage.

A peine le vicaire avait-il reçu ce papier officiel,

que l'annonce des poursuites se répandit, ainsi qu'on devait s'y attendre, aux quatre coins de la commune, et même, grâce aux journaux du chef-lieu, jusqu'aux quatre coins du département. Les « amis du maire », se croyant sûrs de leur succès, nageaient dans leur vengeance. Sans doute la peine encourue par « le prévenu » était-elle minime : un à cinq francs d'amende par ces temps de vie chère ! Mais *la prison* était prévue en cas de récidive, et surtout n'était-ce pas l'effet moral qui était à considérer ? L'abbé Rozet condamné par sentence de justice, malgré ses vertus sacerdotales et militaires, quelle leçon pour le clergé, quelle humiliation pour les « blancs » (c'est-à-dire pour les cléricaux), quel éclat pour le Conseil municipal !

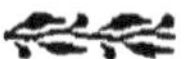

XI. — *UN JUGEMENT QUI RAPPELLE CELUI DE SALOMON*

Le tribunal de simple police du canton de Mer n'attire guère les curieux généralement. Les véhicules sans lanternes, les toutous sans colliers et autres « faits divers » peu retentissants alimentent uniformément ses audiences moroses. Depuis longtemps on a remarqué que les institutions françaises ne donnent pas aux juges de paix le prestige social et la situation financière enviable que leur assure la plupart des pays étrangers, en particulier l'Angleterre et la Belgique... Pourtant ces magistrats modestes sont parmi les plus nécessaires et, si les plaideurs avaient davantage recours à leur ministère. on gaspillerait moins de salive et d'argent en procès inutiles...

M. Coudière, juge de paix à Mer depuis une dizaine d'années, a certainement eu souvent l'occasion de constater et de déplorer ces inconvénients. Mais ce qu'on peut affirmer avec plus de certitude encore, c'est qu'il n'avait jamais eu l'occasion de régler un litige semblable à celui du « crime de l'abbé Rozet ». Pour cette fois, les vieilles routines étaient bousculées. Son tribunal devenait célèbre dans tout un département. L'écume des passions politiques et religieuses déferlait jusqu'à son paisible pupitre. Comment ne pas être impressionné ?

A l'heure et au jour fixés par la convocation, la salle des audiences de la Justice de Paix présentait donc l'aspect le plus animé. *La Ligue patriotique des Françaises* avait mis à son ordre du jour la question de savoir si elle devait envoyer une délégation, et ce n'est, a-t-on prétendu, qu'après trois discours et cinq rapports que ces dames qui constituent « l'élite de l'élite » (selon leurs propres orateurs), avaient pu se décider à se tenir tranquilles. Mais, à leur défaut, le clergé des environs, les amis du vicaire de Mer. les membres honoraires ou actifs de *l'Etoile Saint-Hilaire*, les rentiers du voisinage en quête d'émotions, formaient un public si nombreux que beaucoup des assistants ne purent trouver place sur les bancs prévus par l'Administration et qu'un bon nombre durent se résigner à attendre. sur le péristyle ou même dans la rue, l'écho des évènements. Quant aux « amis du maire », ils crurent, cette fois encore, plus sage de rester chez eux.

En attendant l'audience, les langues, comme bien on pense, ne restèrent pas silencieuses :

« L'abbé sera condamné, dit quelqu'un, légère-
« ment condamné, mais enfin condamné. L'ordre du
« maire était formel, et M. Lasnier n'a pas mis la
« justice en branle sans être sûr de son affaire.

« — Savoir, dit un autre, il paraît que le vicaire
« a été consulter un avocat très malin. Les pro-
« cès, on voit bien comment ils commencent, mais
« on ne peut jamais être sûr de la façon dont
« ils finissent.

« — Ces messieurs du Conseil, dit un ouvrier du
« bâtiment, feraient mieux de s'occuper de certaines
« réparations urgentes. L'école laïque menace de
« tomber en ruines, je sais ce que je dis.

« — C'est comme pour l'église, monsieur, déclara « une dévote respectable. La toiture est défoncée « partout. Les jours de pluie, c'est comme si les « gouttières crachaient à l'intérieur sur la tête des « gens. Avant la guerre, c'était facile à réparer. On « n'a pas voulu. Aujourd'hui les dégâts sont considé- « rables, et qu'est-ce que cela peut bien coûter, « des travaux pareils ! »

Pauvre commune de Mer, le *Crédit foncier* te guette ! Que ce soit la toiture de ton église qui soit crevée ou celle de ton école laïque, c'est toi, toujours toi, qui paieras les ardoises cassées.

On commençait à s'ennuyer un peu, quand la porte du fond s'ouvrit. Me Jamain, huissier audiencier, M. le juge de paix Coudière, M. Lasnier, commissaire public, Me Prudhomme, greffier, entrèrent l'un derrière l'autre avec solennité. La toge neuve de M. Prudhomme excite l'admiration.

M. Coudière s'assied à son tribunal et déclare l'audience ouverte. Pour éviter, semble-t-il, une attente inutile à l'assistance, il appelle aussitôt l'affaire Rozet. Au prononcé de son nom, le vicaire s'avance devant le juge. On lui fait décliner son état civil. Puis, selon l'ordre indiqué par l'article 153 du Code d'Instruction criminelle, Me Jamain donne, d'une voix distincte, lecture de l'acte d'accusation, nous voulons dire du procès-verbal. L'abbé Rozet apprend ainsi qu'il est incriminé d'avoir organisé un défilé « susceptible de dégénérer en rixe entre partis. » « Outre ! dirait Tartarin ». C'eût été, croyons-nous, la première rixe de ce genre à Mer depuis plus de trois cents ans. Mais où sont-ils donc ces extraordinaires adversaires qui naguère menaçaient de leurs violences les sorties de *la Fraternelle* et qui s'en prennent aujourd'hui à *l'Etoile Saint-Hilaire* ? Personne ne les a jamais vus. On ne les trouve que dans le style de M. Gauvin et dans celui de son subordonné M. le garde champêtre. Vous avez trop mauvaise opinion de vos administrés, Monsieur le maire ! Les Mérois, si ardents soient-ils, ne sont pas des apaches, et il n'est pas croyable que M. Piger lui-même se précipite jamais dans la rue pour attaquer à coups de bâton les gens qui ne pensent pas comme lui. C'est alors que M. Pernet prendrait son appareil photographique !

La lecture du procès-verbal achevée et M. Lasnier jugeant inutile de l'appuyer par un réquisitoire, la parole est donnée à la défense. Les yeux sont fixés sur l'abbé Rozet. Il tire des feuilles... Il commence.

Ce n'est pas une simple réponse au procès-verbal qui vient d'être lu, c'est un plaidoyer en règle. L'orateur dit son étonnement d'être traité en ennemi des lois, alors qu'il a largement versé son sang pour leur obéir. Il regrette que la guerre n'ait pas adouci certains caractères. Reprenant l'argumentation même du Conseil d'Etat, il passe la légalité des refus municipaux au crible d'une critique serrée et ne leur reconnaît aucune valeur. Puis, étudiant la délibération du Conseil municipal qui leur sert de prétexte, il s'afflige en termes pathétiques de cette manifestation... peu aimable et surtout de l'état d'esprit qu'elle suppose chez ses auteurs. « Il s'en est trouvé treize... », ces mots reviennent sur ses lèvres, comme le refrain d'une chanson triste.

Cependant l'assistance boit ses paroles. A plusieurs reprises les applaudissements éclatent, vite réprimés, car il est défendu d'applaudir en justice. Une ou deux femmes sensibles pleurent dans leurs mouchoirs. Mais ce qu'il y a de plus curieux, c'est de considérer les membres du tribunal. Le sang qui monte au visage de M. Coudière témoigne de son émotion; d'un geste machinal, il essuie indéfiniment son lorgnon avec le pan de sa toge. M. Lasnier esquisse une grimace en tourmentant sa barbiche et Me Prudhomme s'absorbe dans un dossier mystérieux. Personne n'interrompt. — Où est maintenant l'accusateur et où est l'accusé ? Ce plaidoyer a l'allure du plus véhément réquisitoire. Quelle que soit la sentence à intervenir, « les treize » majoritaires du Conseil municipal sont désormais convaincus...

d'une inconvenance. (Mettons ce mot pour rester dans la bénignité).

Le vicaire baisse le ton. Il demande à déposer des conclusions écrites, ce qui invite le tribunal à juger « en droit ». Auparavant il donne lecture de ces conclusions. Elles sont doubles. On demande au juge ou bien de reconnaître lui-même l'illégalité du refus, et de mettre alors simplement le prévenu hors de cause; ou bien, s'il ne croit pas devoir s'attribuer le pouvoir d'apprécier des actes qui sont des actes administratifs, d'attendre pour se prononcer que leur valeur ait été fixée par la juridiction administrative elle-même, c'est-à-dire par le Conseil d'Etat, qui a été régulièrement saisi du recours pour excès de pouvoir, ainsi qu'en fait foi un reçu du secrétariat de cette assemblée qui est versé aux débats. Et « le prévenu » est si conciliant qu'il offre de consigner en ce dernier cas la somme de cinq francs qui représente le maximum de l'amende à laquelle il pourrait être condamné au cas où, par impossible, les refus viendraient à être reconnus valables.

Tout s'arrange en un clin d'œil. La solution du « sursis à statuer » plaît évidemment à M. Coudière. M. Lasnier renonce avec désintéressement au morceau d'éloquence qu'il semblait méditer, frustrant ainsi l'assistance d'un charmant régal littéraire, et se rallie à la même opinion. L'accusation et la défense étant ainsi merveilleusement tombées d'accord, la sentence est toute préparée, et M. Coudière rend le jugement dont nous reproduisons maintenant le dispositif tel qu'il a été officiellement communiqué à l'abbé Rozet par M. le greffier Prudhomme.

EXTRAIT DES MINUTES DU GREFFE DU TRIBUNAL DE SIMPLE POLICE DU CANTON DE MER.

« Le Tribunal,

« Attendu que la contravention dressée contre « l'abbé Rozet l'a été à la suite d'un refus d'autori-

« sation de défiler en fanfare par M. le maire de
« Mer, à la date du dix-sept septembre dernier.

« Attendu que ce même refus est actuellement
« l'objet d'un recours en annulation pour excès de
« pouvoir formé devant le Conseil d'Etat, enregistré
« au greffe de la section du Contentieux au Con-
« seil d'Etat à la date du treize novembre, présent
« mois, sous le n° 71.711,

« Attendu que par suite il y a lieu de surseoir
« à statuer sur le fond, jusqu'à ce que ce Conseil
« ait rendu son arrêt,

« Par ces motifs et par jugement contradictoire
« d'avant faire droit sur le fond, tous moyens et
« dépens réservés,

« Surseoit à statuer jusqu'à ce que l'exception
« préjudicielle d'abus de pouvoir ait été tranchée
« par le Conseil d'Etat et renvoie l'affaire *sine die*,

« Ainsi jugé et prononcé publiquement en l'au-
« dience du Tribunal de simple police du canton
« de Mer, arrondissement de Blois (Loir-et-Cher),
« tenue à Mer, Hôtel de Ville, par Monsieur André-
« Arthur Coudière, juge de paix, présidant l'audien-
« ce, assisté de Maître Léon Prudhomme, greffier
« du dit Tribunal, le lundi quinze novembre mil
« neuf cent vingt à treize heures. »

L'expédition complète du jugement avec les préliminaires et la reproduction des conclusions ne comporte pas moins de six pages de papier timbré moyen format. L'abbé Rozet la conserve dans ses archives personnelles à côté de son diplôme de bachelier et de ses citations militaires. C'est là que ses héritiers, — après de nombreuses années, nous l'espérons, — pourront la retrouver un jour.

Mais revenons à l'audience du quinze novembre mil neuf cent vingt... L'assistance accueillit la décision du juge avec faveur et même avec un peu d'étonnement, car on s'attendait à une condamnation. « C'est ce que nous appelons un enterrement de première classse », nous dit M. le conseiller curial Malassiné qui a une longue habitude des affaires. De fait, le jugement en question, qui rentre dans la catégorie des jugements « préparatoires d'avant dire droit » et ne tranche pas la question au fond, suppose un jugement postérieur, qui sera, celui-ci, décisif; mais le ministère public est toujours le maître d'abandonner la poursuite et, vulgairement parlant, « d'enterrer » l'affaire.

Il importe d'ailleurs de remarquer que cette première sentence, toute provisoire qu'elle paraisse, a pourtant quelques caractères que nous allons brièvement mettre en évidence.

Et d'abord, elle est *honnête.* Il serait superflu d'insister sur ce point, puisque l'accusateur et l'accusé se déclarent également satisfaits. M. Coudière a confirmé ici une réputation d'équité devant laquelle on ne peut que s'incliner.

En second lieu, la sentence est *scrupuleusement conforme aux règles du droit positif.* Lorsque l'illégalité d'une mesure de police administrative ne consiste pas dans la violation grossière d'un texte déterminé, mais qu'elle résulte de ce qu'on appelle « l'inopportunité des motifs », comme c'est le cas dans le présent litige, les magistrats de l'ordre judiciaire se refusent, en général, à déclarer eux-mêmes cette illégalité. S'ils agissent ainsi, c'est en vertu du « principe de la séparation des autorités », dont nous sommes redevables à Montesquieu et à la grande Révolution (et dont l'esquisse est tracée dans les manuels d'*Enseignement civique* en usage aux écoles primaires que chacun peut facilement consulter). Mais « séparation » ne veut pas dire « ignorance mutuelle », encore moins « antagonisme », pas plus ici que dans la délicate question des rapports de l'Eglise et de l'Etat. Aussi, lorsque la défense justifie qu'elle a fait ses diligences pour obtenir une décision émanée de la juridiction administrative, la Cour de Cassation vient-elle très logiquement nous dire « que, en vertu du principe de la sépara-
« tion des pouvoirs, [les tribunaux] doivent sur-

« seoir à statuer si le litige comporte l'interpréta-
« tion ou l'appréciation préalable d'un acte admi-
« nistratif. » (Ch. civile, 4 nov. 1914. *Guitton et autres*. Cf. Loi des 13-24 août 1790, titre II, art. 13).

Enfin le jugement qui nous occupe a un dernier mérite d'ordre pratique immédiat. Il met fin à toute controverse locale sur la question de la légitimité des sorties « en fanfare » de *l'Etoile Saint-Hilaire*. La parole est donnée une seconde fois au Conseil d'Etat. Ce qu'il dira fera loi. Dorénavant les tambours et clairons des « blancs » joueront dans les rues et joueront légalement, quelle que soit l'attitude des « municipaux », pourvu que la Société de gymnastique fasse déclarer son droit par les juges de Paris, chaque fois qu'elle y sera forcée. Commissaires et gendarmes ne peuvent rien là contre. C'est une simple question de procédure et de papier timbré. Contribuables, mes frères,

... Vous en aurez de toutes les façons,
Tant en argent et tant en cire
Et tant en autres menus coûts.

De fait, il y eut, à la suite du jugement du 15 novembre, une certaine détente. Ce n'était pas la reconnaissance formelle d'un droit, mais une sorte de tolérance tacite, comme un assoupissement de la municipalité, dont les gymnastes profitèrent quand l'occasion se présenta, en attendant l'aboutissement de la procédure de Me de Valroger.

Mais combien cet équilibre nouveau était instable, c'est ce que vint démontrer un incident particulièrement douloureux. L'inauguration du monument aux soldats de la commune tués à l'ennemi devait avoir lieu au cimetière de Mer le onze septembre 1921. La souscription pour son érection avait été publique et les catholiques avaient unanimement répondu à l'appel des quêteurs. L'occasion était belle pour montrer qu'au-dessus de toutes les divisions, il y a dans tous les cœurs français quelque chose de commun et de fraternel. Hélas ! lorsque le jour fixé approcha, on apprit avec stupéfaction que les « Sociétés dissidentes », — le mot est décidément malheureux, — c'est-à-dire *la Fraternelle* et *l'Etoile*, étaient évincées du cortège de même que les enfants des écoles libres. Pourtant les « Sociétés dissidentes » avaient un nombre respectable de leurs membres dont les noms figuraient au tableau funèbre et parmi les enfants des écoles libres, il en était qui avaient perdu leur père ou leur grand frère pour la défense du pays.

Mais un coup de théâtre se produisit. La ligue des Démobilisés mérois, société qui n'a du reste aucun caractère politique ou confessionnel, invita le maire et ses acolytes à revenir sur leur décision et à admettre au cortège toutes les sociétés sans choix politique. Elle ajoutait qu'autrement elle refuserait elle-même de prendre place dans une cérémonie qui ne serait plus autre chose qu'une manifestation de parti. La réclamation fut mise au panier sans l'honneur d'une réponse. Les Démobilisés tinrent bon. Les murs de la ville se couvrirent d'affiches de protestation et finalement on vit, — chose unique sur toute l'étendue du territoire français, — on vit les administrateurs d'une commune procéder à l'inauguration d'un monument public, rappelant le souvenir de leurs concitoyens morts à l'ennemi, sans la participation officielle des anciens camarades de ceux qu'ils prétendaient honorer, sans l'aveu de ceux-là même dont les noms avaient failli briller sur la liste terrible.

Un grand nombre de familles en deuil, s'estimant outragées, ne parurent pas, et le préfet lui-même, écœuré, se déroba au dernier moment. Ce fut un jour honteux et irréparable où l'invective de la politique municipale a rejailli vraiment jusque sur la face auguste des morts. N'insistons pas davantage. Passons pour l'honneur de la ville.

XII. — *DIGRESSION SUR L'OPINION PUBLIQUE*

Le lecteur étranger à la région blésoise vient certainement d'avoir un mouvement de dégoût : « Le « pays où ces choses-là se passent, pense-t-il sans « doute, est un pays de taquins et d'ingrats. Cela « m'enlève toute envie d'aller passer mes vacances « à Mer. » Empêchons cet anathème. Il ne faut jamais confondre la partie avec le tout, les citoyens d'une commune avec les représentants qu'ils se sont plus ou moins librement choisis. En réalité, il y a à Mer, dans tous les partis, quantité de braves gens modérés et aimables, et même il peut arriver que tel athée farouche jouisse d'une réputation d'honnêteté mieux établie que celle de tel tertiaire de Saint-François d'Assise. (Nos vertueux matérialistes m'ont toujours paru respectables aussi bien qu'étonnants. Il me semble qu'à leur place, si j'avais été bien persuadé, comme ils disent l'être, que toute destinée humaine finit au fond d'un trou, — je me serais roulé dans la crapule jusqu'à en pourrir vif !)

Par ailleurs, le pays mérois est charmant à voir et agréable à habiter. Placé à l'entrée de la Touraine que le vieux dicton appelle « le jardin de la France » sur les confins de la Beauce opulente et de la Sologne giboyeuse, il voit sur son marché du lundi affluer les produits excellents de ces trois régions. — Nulle part le fer nourricier de la charrue *ne déchire un sol plus généreux*. Les « mauvaises terres » elles-mêmes, celles où abondent les cailloux et où l'humus est rare, portaient, avant l'invasion maudite du phylloxéra, un vignoble merveilleux qui se reconstitue peu à peu. Sans doute nous n'avons ni les truffes du Périgord, ni les olives de la Provence, mais les anguilles et brochets de Loire, pour ne citer que ceux-là, sont des mets exquis et dignes de la table des princes. Le moindre petit champignon rose poussé dans nos prés humides exhale un fumet d'ambroisie et je ne connais rien de plus savoureux dans sa simplicité qu'une bonne tartine de pain recouverte d'une couche épaisse de « fromage bleu », et arrosée de « bernâche », c'est-à-dire de vin doux, à l'époque où la vendange fermente dans les cuves et où tout exhale l'odeur d'un gras automne.

Ce n'est pas seulement aux gourmets, aux chasseurs et aux pêcheurs que le pays mérois présente de paisibles jouissances. Il y a des plaisirs plus délicats. Ici, autant et mieux qu'ailleurs, la nature immortelle aide à consoler des injustices passagères des hommes. Les rossignols du jardin de Mme Bergeron sont plus mélodieux que ceux de l'Attique elle-même. Une âme portée à la rêverie oubliera facilement le cours des heures dans les sentiers perdus du faubourg d'Aulnay, lorsque le vent d'ouest courbe profondément les peupliers des « Bas » et leur fait pleurer leur plainte monotone. En plein été, il fait bon dans le bocage de Beaudisson, au bord du petit lac de la fontaine, sous l'ombrage léger des acacias et au milieu des haies d'aubépines et de prunelliers.

Mais surtout que notre rêveur s'en aille par un bel après-midi, à la saison des spirées ou à celles des colchiques, errer dans ce qui reste de l'ancien domaine du château de la Touche et qui n'est plus aujourd'hui qu'un bois irrégulier de saules et de peupliers. Là, entre coteau et vallée, serpente le ruisseau sinueux de la Tronne que l'on perd et que l'on retrouve à chaque instant. Le soleil descend à travers la belle ramure, et les troncs dégagés semblent par endroits les colonnes d'une basilique agreste. A gauche, la pente est couverte de vignes et, de l'autre côté, les vaches brunes éparses dans les pâturages entre les rideaux d'arbres qui découpent l'horizon, semblent placées là tout exprès pour tenter la palette des peintres. Et l'on peut continuer longtemps ainsi jusqu'au petit pont du « Domino » et jusqu'à la chapelle romane de Saint-Lubin de Suèvres, sur l'emplacement de laquelle les anciens païens, qui étaient gens de goût plus que ceux d'aujourd'hui, avaient jadis bâti un temple à Apollon, dieu du soleil, de la musique et de la poésie. Dans le recul des temps, il nous plaît d'imaginer le prêtre de ce temple sous les traits d'un vieillard lettré et indulgent, ami des fleurs et de la verdure, dans la mémoire duquel devaient chanter sans effort les vers délicieux et célèbres :

Ille terrarum mihi præter omnes
Angulus ridet, ubi non Hymetto
Mella decedunt...
Sit meæ sedes utinam senectæ
Sit modus lasso maris et viarum
Militiæque. (1).

La beauté de cette nature n'est point du reste bornée au cadre d'une aquarelle transparente. D'autres vanteront leurs montagnes neigeuses et leurs cascades irisées, leurs sombres sapins et leurs chênes géants; que ceux-là sachent que le pays mérois n'a guère à leur envier. Il a tout aussi bien que les leurs sa puissance et sa majesté. Ceux qui cherchent l'ivresse de l'espace ne seront pas trompés dans leur soif en marchant vers le Nord, sur la route de Maves ou sur celle de Talcy. A peine auront-ils monté la première pente, qu'ils verront s'étaler devant eux dans sa nudité fière, le grand plateau beauceron, une plaine immense, vaste comme la mer, si belle lorsqu'on va commencer la moisson des blés et que les épis dorés et lourds de grain la remplissent tout entière !

Ce spectacle en appelle un autre, par contraste. A trois kilomètres au Midi, sur la route poudreuse

---

(1) Horace. Odes II, VI. Ce coin du monde me sourit par dessus tous les autres. L'Hymette n'a pas meilleur miel.. Fasse le ciel qu'il soit le repos de ma vieillesse, qu'il soit le terme de mes fatigues sur la mer, et sur les routes, et aux armées.

de Bracieux, à peine le passant est-il parvenu à la crête d'une légère éminence, qu'il aborde presqu'à l'improviste un pont suspendu aux piles bâties dans un heureux mariage de pierres et de briques. Le fleuve apparaît. C'est la Loire large et paresseuse, la Loire aux terribles colères, fleuve lumineux pourtant et chéri par les rois les plus artistes que le monde ait connus.

Ah ! pour comprendre l'agrément de ces lieux, il faut avoir été longtemps séparé d'eux par la violence. Dans les tranchées boueuses durant l'horreur des longues nuits sans lune, ou bien dans les geôles allemandes durant l'attente des jours d'opprobre et de privations, quel est l'enfant de cette terre, quel est le soldat mérois, qui ne s'est senti remué jusqu'aux racines de son être, en voyant dans son rêve surgir la vieille tour de l'église Saint-Hilaire et fumer au-dessous d'elle les cheminées des toits bleus et rouges du pays natal !

O Notre-Dame de Cléry, protégez mon pays et gardez-le toujours des obus des Prussiens !

. . . .

L'éloge qu'on vient de lire comporte cependant quelques ombres, mais légères et qui ne peuvent détruire l'harmonie de l'ensemble. L'amour de la vérité nous oblige maintenant à les indiquer à leur tour...

Commençons par un ordre de choses que certains trouveront mesquin à noter, mais qui pour les gens peu fortunés est le plus urgent de tous. Cet ordre de choses est simplement celui de l'alimentation quotidienne. Or, il faut l'avouer courageusement : le prix des denrées « nécessaires » est très élevé à Mer et dépasse même trop souvent, non seulement le cours des marchés beaucerons, mais même celui de Paris. C'est un phénomène douloureux dont nous n'entreprendrons pas de fournir l'explication et dont l'énoncé ne figure ici que pour mémoire. Ce grave inconvénient est destiné, nous l'espérons, à disparaître avec le retour de l'ordre économique et, d'ailleurs, il se trouve dès maintenant atténué par l'existence d'un Bureau de bienfaisance qui, proportionnellement au chiffre de la population, est à coup sûr un des plus richement dotés de France et de Navarre. Mais n'insistons pas ici sur le Bureau de bienfaisance de Mer... pour une foule de raisons. « Mieux vaut, dirait Sancho Pança, mieux vaut se taire que de mal parler .»

D'autre part, vous saurez que certains « voisins » nous accusent d'avoir le tempérament querelleur et rancunier. Mais en ceci c'est tout bonnement la jalousie qui les fait parler, parce que le clocher de leur village ne vaut pas la tour de Saint-Hilaire. — Il n'est que trop vrai : les querelles politiques et religieuses sont poussées à Mer jusqu'à leur paroxysme. Que ce soit chose regrettable, on doit bien en convenir, à quelque « couleur » qu'on appartienne soi-même. Toutefois, comme l'a excellemment dit un contemporain : « les luttes politiques », lorsqu'elles ne dépassent pas la mesure, « les luttes politiques sont un sport cérébral. Sans elles on vivrait dans un profond ennui (1). » Souhaitons donc que les Mérois gardent toujours entre eux le tact et la discrétion qui font la grandeur des forts et l'adresse des faibles, mais ne leur souhaitons pas de penser toujours à l'unisson sur toutes les questions possibles. Ce serait de l'exagération. *Oportet hæreses esse.*

Il faut insister un peu sur un dernier inconvénient qui se retrouve à des degrés divers dans la plupart des petites villes. Il y a à Mer nombre de vieilles dames et vieilles filles (et même d'autres personnes moins excusables) qui attachent aux faits et gestes de leur prochain une importance excessive. A peine si votre chat peut prendre une souris, sans que tout le quartier n'en soit averti. Les réputations

(1) Pierre Mille. *Le Monarque,* VI.

s'élèvent facilement et se démolissent en un clin d'œil. L'appréciation des fortunes notables est sujette aux fluctuations les plus extrêmes. — Au commencement tout cela ennuie, à la longue chacun s'y fait et trouve même un charme certain à colporter les petites histoires qu'il a eu la chance de surprendre à son tour.

M. le curé Chesneau, qui est à la fois licencié en théologie, licencié en philosophie, historien local et conteur savoureux, pourrait trouver dans tous ces phénomènes mérois de « susurration spontanée » d'abondants matériaux pour une vaste étude psychologique. A titre amical, nous lui conseillons formellement d'exécuter ce travail. Pourvu qu'il ait soin d'illustrer le cours de ses doctes raisonnements à l'aide d'anecdotes « rustiques et campagnardes » dans le genre de celles qu'il vient de livrer au public (1), le succès du livre est certain, tout le diocèse sera dans l'admiration, et l'auteur aura un titre nouveau pour faire, sur ses vieux jours, partie du vénérable Chapitre Cathédral.

Donc, quand il voudra se mettre à l'ouvrage, M. Chesneau trouvera dans « le crime de l'abbé Rozet » un exemple typique. On en a parlé partout et ce ne sera vraiment pas nous écarter trop de notre sujet que d'indiquer ici les officines qui contribuent à la composition de ces « canards », de ces « sornettes », de ces « cancans », de ces « potins », comme on voudra les appeler, puisque, dans toutes, l'histoire à laquelle ces pages sont consacrées a occupé le tapis, puisque, dans chacune, cette même histoire a reçu des déformations, des nuances, des fioritures, dont nous avons pris à tâche de la dépouiller dans le souci transcendant de la vérité supérieure.

La plus originale des fabriques de bavardages de la ville de Mer est aujourd'hui, sans concurrence

---

(1) Voyez les *Contes du Port-Pichard*, par L. Chesneau. Ouvrage couronné par la Ligue d'encouragement au bien. Blois, Duguet, éditeur. Prix : 5 francs.

possible, l'Hospice des vieillards. Grâce à cet établissement célèbre et à M. Hême, son charitable fondateur, les habitants du hameau de Villaugon. isolés dans la Beauce à l'extrême nord de la commune peuvent toujours être au courant de ce qui se passe au hameau de Montcellereux à l'extrême sud et de même les habitants de Montcellereux peuvent savoir ce qui se passe à Villaugon. Il en résulte que la ville de Mer n'a aucun besoin d'une gazette particulière. Honneur à M. Hême !

Après l'hospice, il convient de citer les lavoirs, endroits classiques où l'on dépense, en général, presqu'autant de salive que de savon. Mais les lavoirs mérois sont en pleine décadence depuis que la municipalité a eu la faiblesse de laisser envahir la rivière, — le « Rû » comme on l'appelle, — par des boues encombrantes et par de funestes résidus de tannerie qui empoisonnent l'air et salissent le linge. Les riverains certes ne décolèrent pas, ils réclament et pétitionnent. Pauvre d'eux ! Autant en emporte le vent.

L'église Saint-Hilaire, à son tour, malgré son caractère sacré, est bien aussi une remarquable « fabrique de potins ». Ce n'est pas tant du reste dans l'intérieur de l'édifice lui-même, que lorsqu'on y entre ou surtout qu'on en sort que les langues se délient malgré le terrible vent de bise qui prend souvent la place en enfilade et semblerait devoir glacer toute imagination chez les personnes pieuses. Nous apporterons pour témoignage de ce rôle de notre église l'anecdote de Julie Michou.

Julie Michou était la vieille bonne d'un ancien curé. C'était une âme vertueuse et dévote. On la vit, jusqu'au complet épuisement de ses forces et toute courbée en deux, se traîner à la grand' messe pour l'édification des fidèles. Un jour, elle fut prise d'une « lourdine » et se trouva mal au mi-temps du Credo. Grand émoi. On s'empresse autour d'elle, on lui fait respirer du vinaigre. La bonne fille ouvre un œil et reprend vie. Ses amies en profitent

aussitôt pour lui reprocher son imprudence : « Ma-
« demoiselle Julie, vous n'êtes pas raisonnable. Le
« bon Dieu ne vous demande pas l'impossible.
« Quand on est malade, on ne va pas à la messe. »
Julie Michou leur répondit tristement : « Faut
ben que j'y aille. Quand que c'est que j'y vas pas,
je ne sais point itou les nouvelles. » Qu'on vienne après cela se plaindre que ces demoiselles de la Confrérie éprouvent des distractions durant la divine psalmodie et que les jeunes gens du Patronage aient toujours des communications urgentes à se faire à l'heure des offices !

Enfin l'opinion publique se forme dans tous les endroits prévus ou imprévus où l'on est susceptible de rencontrer son semblable. Sous la halle, sur le marché, dans le vestibule de la mairie, dans la salle d'attente des médecins, dans les boutiques ou arrière-boutiques que chacun connaît et dont la nomenclature serait interminable. Il faut mettre à part les officines des coiffeurs. Comme elle ne sont pas en général fréquentées par les dames, la conversation y languit souvent. Cependant nous y avons entendu des propos animés.

Et précisément, par un beau jour du mois de novembre 1921, deux habitants de Mer qui ne sont pas du Conseil municipal, se rencontrèrent dans un salon de coiffure de la Grande Rue.. Pendant qu'on faisait chauffer l'eau pour leurs barbes, leurs langues se délièrent :

« Connaissez-vous la nouvelle, dit le plus jeune
« au plus âgé ?

« — Naturellement, répondit l'autre, il n'est bruit
« que de cela. A la ferme de « la Brûlée » il vient
« de naître un veau à trois têtes. Tout le monde
« va le voir... M Guignard doit l'empailler pour le
« compte du Muséum de Paris.

« — Oui, je sais cela aussi. Mais il s'agit de quel-
« que chose de beaucoup plus fort... Le maire a
« rapporté l'arrêté des gymnastiques.

« — Colossal ! Qui vous l'a dit ?

« — C'est ma laveuse. Il paraît que le ministre
« a écrit...

« — Ah ! malheur !...

« — ... Il dit que le « conflit à craindre » ne
« tient pas debout et que, le jour où un voyou vou-
« drait faire du tapage, le mieux est de le coffrer
« sans vexer les honnêtes gens...

« — Ce ministre-là n'est point bête. Voilà notre
« sénateur tiré d'un mauvais pas. Il n'en sera pas
« fâché. Au fond je le crois aussi clérical que sa
« femme... Tenez ! moquez-vous de moi si vous
« voulez, j'ai la superstition des noms de baptê-
« me. M. Gauvin répond à celui d'*Eusèbe*. Eh bien !
« j'ai regardé dans le dictionnaire de M. Trioreau,
« notre instituteur : *Eusèbe*, ça vient du grec et ça
« veut dire *pieux* !!

« — Gardons le sourire, mon ancien, gardons-le
« toujours ! Et puisqu'il arrive des choses aussi
« énormes, ne désespérons point de voir nos becs
« de gaz éclairer tout seuls en vertu d'un nouvel
« arrêté de M. le maire. Ce miracle d'Eusèbe le
« Pieux sera particulièrement bien vu des commer-
« çants qui se plaignent que nous ayons la ville la
« plus mal éclairée de l'Europe. »

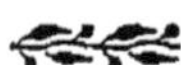

XIII. — *OU L'ON ENTEND DES PAROLES PLEINES DE SENS*

La laveuse de M. X... avait commis une légère inexactitude. Ce n'était pas une lettre du ministre qui venait d'arriver à la mairie de Mer. C'était quelque chose de plus catégorique : Le *deuxième* arrêt du Conseil d'Etat. Le voici :

N° 71.711. — CONSEIL D'ETAT
STATUANT AU CONTENTIEUX.

Présidence de M. Romieu.

Société de gymnastique l'*Etoile Saint-Hilaire*.
(Lu à l'audience publique du 18 novembre 1921).

« Vu la requête présentée pour la Société de

« gymnastique *l'Etoile Saint-Hilaire*, association dé-
« clarée, dont le siège est à Mer (Loir-et-Cher), re-
« présentée par son président et son directeur en
« exercice, la dite requête enregistrée au secrétariat
« du Contentieux du Conseil d'Etat le 13 novembre
« 1920 et tendant à ce qu'il plaise au Conseil annu-
« ler pour excès de pouvoir, deux décisions en
« date des 17 septembre et 8 novembre 1920, par
« lesquelles le maire de Mer a refusé à la Société
« requérante l'autorisation de défiler avec fanfare
« sur les voies publiques de la commune;

« Ce faire,

« Attendu que les décisions attaquées n'ont pas
« été prises pour des motifs tirés de la nécessité
« de l'ordre public, mais n'ont eu pour but, ainsi
« que l'indiquent nettement les délibérations du
« Conseil municipal auxquelles elles se réfèrent,
« que de créer un régime de représailles à l'égard
« de la Société requérante qui avait refusé de fu-
« sionner avec la Société de gymnastique *la Mé-*
« *roise;*

« Vu les décisions attaquées;

« Vu les observations présentées par le ministre
« de l'Intérieur (1) en réponse à la communication
« qui lui a été donnée du pourvoi, les dites obser-
« vations enregistrées comme ci-dessus le 2 février
« 1921 et tendant au rejet de la requête par les
« motifs que les décisions attaquées semblent avoir
« été prises dans l'intérêt de l'ordre public;

« Vu les autres pièces produites et jointes au dos-
« sier;

« Vu la loi du 5 avril 1884 (art. 91 et 97);

---

(1) Le ministre de l'Intérieur qui a ainsi essayé de « repêcher » le maire de Mer est le propre parent de M. Marraud, préfet de Loir-et-Cher à la même époque. Depuis, M. Marraud, le ministre, a été renversé par la chute du cabinet Briand, et M. Marraud, le préfet, est tombé en disgrâce.

« Vu les loi des 7-14 octobre 1790, 24 mai 1872;
« Ouï M. Moreau-Néret, auditeur, en son rapport;
« Ouï Me de Valroger, avocat de la Société de
« gymnastique *l'Etoile Saint-Hilaire*, en ses observa-
« tions;
« Ouï M. Berget, maître des Requêtes, commissaire du gouvernement, en ses conclusions;
« Considérant que la Société de gymnastique *l'E-*
« *toile Saint-Hilaire* a demandé à deux reprises
« l'autorisation exigée par les arrêtés municipaux
« en vigueur pour sortir sur la voie publique avec
« accompagnement de musique; que par deux dé-
« cisions des 17 septembre et 8 novembre 1920,
« le maire de la commune de Mer a refusé cette
« autorisation en se fondant chaque fois sur une
« délibération prise par le Conseil municipal à la
« date du 17 septembre, portant qu'il n'y avait pas
« lieu d'accorder les autorisations demandées par
« la dite Société; qu'il résulte des termes de cette
« délibération, rapprochés des délibérations pré-
« cédentes du même Conseil municipal, que le re-
« fus opposé à la demande de la Société requérante
« n'était justifié, en réalité, par aucun motif tiré
« de la nécessité du maintien de l'ordre public et
« avait pour but de favoriser une Société rivale;
« que, dès lors, la dite Société est fondée à soute-
« nir que, dans l'application qui lui a été ainsi faite
« des règlements municipaux, le maire de la com-
« mune de Mer a commis un excès de pouvoir;

« DÉCIDE :

« Article 1er. — Les décisions susvisées du maire
« de Mer, en date du 17 septembre et du 8 novembre
« 1920, sont annulées.
« Article 2. — Expédition de la présente déci-
« sion sera transmise au ministre de l'Intérieur. »

La décision qui précède était prévue, mais quel est le plaideur qui, malgré les assurances des hommes du métier, ne garde pas jusqu'à la dernière minute quelque espoir de gagner son procès ? — Maintenant il n'y avait plus aucun doute. Le nouveau jugement de simple police était connu d'avance et le plus expédient était même de l'éviter en abandonnant les poursuites.

Les « amis du maire » se réunirent d'urgence. Nous ne saurions dire si ce fut dans le lieu ordinaire de leurs séances ou dans un autre local plus secret, ni si la convocation fut régulière. Toujours est-il qu'ils se réunirent et que la situation fut tout de suite jugée très grave. Comme il arrive souvent lorsque « la bouillie sent le brûlé », les avis se partagèrent. L'on vit s'accentuer une scission, qui existait sourdement depuis belle lurette, entre les « amis » de M. Lasnier et ceux de M. Piger.

« C'est la faute à Lasnier, dirent les pigériens. « Pourquoi a-t-il poursuivi ? Il ne l'avait pas fait « les autres fois. Il devait pourtant bien savoir que « notre vote n'était qu'une simple manifestation qui « ne comportait pas tant d'histoires. »

Mais de ses sourcils en broussailles, M. Lasnier foudroya ses contradicteurs : « Alors vous prenez « des décisions qui sont faites pour ne pas être « appliquées. Qui est-ce qui m'a fourni des imbé- « ciles pareils ? On ne peut pourtant pas menacer « indéfiniment les gens de la *carnaquouère* (1) ! « Il fallait en finir. J'ai pris le seul parti raisonna- « ble. Je propose aujourd'hui de faire la paix avec « l'abbé Rozet et...

« — La paix ! interrompit M. Piger. Pourquoi « pas des excuses et des dommages-intérêts ? » Et le beau M. Piger se leva en passant ses doigts fins sur sa moustache blanche avec un dédain rempli de distinction.

Un silence s'abattit, lugubre. Les lasniéristes et les pigériens se regardaient d'un œil noir et au fond des esprits se posait avec une acuité nouvelle la question dont on ne parle jamais qu'entre gens sûrs

(1) Synonyme mérois de « croquemitaine ».

et en verrouillant les portes : « Eusèbe est apoplec-
« tique... Quand Eusèbe n'y sera plus, qui des deux,
« Piger ou Lasnier, Lasnier ou Piger... qui des
« deux sera maire de Mer ? »

Mais M. Gauvin, bien qu'au seuil de l'amère vieillesse, n'avait nulle envie de rendre son écharpe. Il prit donc la parole, et dit : « Voyons, voyons !
« Tout cela n'est pas sérieux. Je ne connais qu'une
« chose : *Vivons et laissons vivre !* Il n'y a qu'à
« continuer le système que j'ai adopté ces derniers
« mois : A chaque fois que le vicaire m'envoie une
« demande pour défiler en fanfare, je ne lui ré-
« ponds plus rien du tout. Il se considère comme
« autorisé et fait marcher ses instruments. Inver-
« sement « les gens qui sont contre » disent que
« mon silence « équivaut à un refus... » Quant
« au commissaire, ce qu'il a évidemment de mieux
« à faire, c'est de laisser chacun dans son opi-
« nion. Vous comprenez... C'est très malin : Je per-
« mets, sans permettre, tout en permettant. Et c'est
« tout à fait dans mon tempérament. Aussi bien,
« avec cette mécanique que M. Coudière appelle
« un « sursis à statuer », que je dise blanc ou que
« je dise noir, cela finit toujours de même. — Tout
« s'arrange avec le temps. *Vivons et laissons vivre !*
« Je ne connais que ça. »

Il dit, et au son de cette voix bien-aimée quoique insuffisamment respectée, l'accord se rétablit parmi les assistants. M. Piger lui-même se rallia avec beaucoup de désintéressement au parti modéré :

« Eusèbe, dit-il, c'est une chose bien triste que
« de voir ces enfants jouer dans la rue ! Mais
« le plus effrayant de l'affaire, c'est que *la Frater-*
« *nelle* va vouloir, elle aussi, défiler en musique.
« Et comment l'en empêcher ?... Enfin si tu crois
« que c'est cela qui doit sauver la République, eh
« bien ! laisse-les faire, donne-leur même, en cas
« de nécessité absolue, une permission formelle,
« mais qu'il soit bien entendu que toute cette in-

« dulgence est à tes risques et périls. » Et le beau M. Piger s'assit en passant ses doigts fins sur sa moustache blanche avec une tristesse remplie d'élégance.

La réunion prit fin après ces paroles remarquables, et, comme dans la chanson de Marlborough, chacun s'en fut coucher, les uns en compagnie et les autres tout seuls.

« C'est égal, dit M. Pierre en manière de conclu-
« sion, ce qu'on va se gausser de nous dans les
« mairies des environs ! — Tu parles ! répondit
« M. Paul, avec des larmes dans la voix.

« — Allons boire une chopine chez la mère Ou-
« deau, reprit M. Pierre qui a l'esprit d'initiative.

« — Allons, répéta M. Paul du même ton lamenta-
« table. »

Que de choses, dans le beau pays de Mer, finissent ainsi par une chopine,... ou par plusieurs !

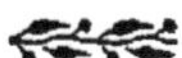

XIV. — *EPILOGUE : UN PEU DE MORALE LAIQUE*

Ainsi la justice a parlé non pas une fois, mais trois fois. Trois fois, le peuple français, au nom duquel elle est rendue, a fait connaître son opinion ou a été censé le faire, et cette opinion a fini par prévaloir.

Maintenant l'affaire est close. Elle a duré *dix ans et demi,* et plus exactement du 8 avril 1911, date du premier arrêté sur la police des rues, jusqu'au 18 novembre 1921, date du deuxième arrêt du Conseil d'Etat.

L'affaire est close.

Tambour battant, clairon sonnant, drapeau claquant, *l'Etoile Saint-Hilaire* passe et repasse dans les rues de « l'agglomération. » Les Mérois lui font fête. Du plus loin qu'ils l'entendent, ils courent pour la voir et la suivent en se donnant le bras. Quand elle revient du grand concours annuel, les petites filles et les grand'mères lui offrent à profusion les plus belles fleurs des jardins. Certes les petits gars qui se font des muscles pour défendre la France méritent mieux encore des fleurs que des contraventions...

Un enthousiasme analogue salue du reste les sorties de *la Méroise*. Peut-être un jour viendra-t-il où l'on verra ces deux Sociétés organiser des défilés communs, les clairons et les trompettes sonnant à l'unisson. En évoquant ce spectacle entraînant, l'auteur sent le frisson des cuivres courir sous sa plume. Viens, ô Muse de Tyrtée ! rappelons les souvenirs de notre Rhétorique studieuse, et que l'amour du pays natal supplée cette fois à l'imperfection de ma lyre !

La Marseillaise des Mérois.

Chanson de marche pour le premier défilé commun de *la Méroise* et de *l'Etoile Saint-Hilaire*, dédiée à toutes les autorités civiles et militaires de la commune.

Air de *la Marseillaise*.

1

Nous sommes les inimitables,
Les fameux gymnastes de Mer,
Modestes, doux, polis, aimables
Et robustes comme du fer ! (*bis*)
Le soleil luit pour tout le monde,
Vivez unis, vivez contents;
Dans tout le canton à la ronde,
Vivez heureux, petits et grands !

Refrain

Trinquons, socialistes,
Dévots et mécréants;
Trinquons, trinquons, vieux anarchistes
Et vieux honnêtes gens !

2

On sait qu'au champ d'honneur lui-même
Il est arrivé bien des fois
Que le héros mort sans baptême
S'arrangeait d'une croix de bois. (*bis*)
Et le Fritz, en braquant sa pièce,
Ne se demandait certes pas
Lesquels savaient servir la messe
Dans le nombre de nos soldats.

3

Venez, anciens chercheurs de noise,
Venez nous emboîter le pas !
C'est *l'Etoile* et c'est *la Méroise* :
Mérois ! applaudissez vos gas ! (*bis*)
Nous sommes tous la jeune garde,
La France ne veut pas savoir
La couleur de notre cocarde,
Pour l'heure du commun devoir.

4

Le père Giot (1) et le vicaire
S'en vont bras dessus bras dessous,
Notre superbe commissaire
Prend son visage le plus doux. (*bis*)
Si nous rencontrons les gendarmes
Mettons des fleurs à leurs chevaux
Et les voleurs riront aux larmes
En les apercevant si beaux.

5

Monsieur Gauvin, ouvrant sa bourse,
Nous régale chez le traiteur,
On a toujours de la ressource
Avec ce galant sénateur. (*bis*)

---

(1) C'est un de nos Mérois les plus populaires. Il s'occupe avec dévouement de *la Méroise*. Aussi l'a-t-on surnommé « Papa la Girouette ».

Monsieur Piger plein d'allégresse,
Offre un vin d'honneur pour sa part.
Oh ! Oh ! Quel excès de tendresse
Nous témoigne ce bon vieillard.

6

Mais la plus énorme nouvelle,
Qu'on n'ose croire qu'à moitié,
C'est que *Fanfare* et *Fraternelle*
Jurent de vivre en amitié ! (*bis*)
Sage ouvrier de la victoire,
Maunoury, que votre grand nom
Marque d'un paraphe de gloire
Le pacte de leur union.

7

Allons jusque dans les campagnes.
Allons visiter les hameaux,
Que les fermiers et leurs compagnes
Pour nous voir laissent leurs travaux ! (*bis*)
A Montcellereux comme aux Landes,
Dans Herbilly, dans Villaugon,
Nous passerons en sarabandes,
En répétant cette chanson :

8

(*Ralentir*) Et pour terminer cette fête,
A l'heure où s'incline le jour,
Tu t'assourdiras, ma trompette,
Tu te voileras, mon tambour... (*bis*)
Car nous irons au cimetière,
Pour évoquer là nos héros,
Et sur leur marbre funéraire
Nous inclinerons nos drapeaux.

Chœur final

De ceux qui nous sauvèrent,
Aimons le souvenir,
Ceux-là, ceux-là qui succombèrent,
Montrent qu'il faut s'unir.

(Hein ! si ce n'est pas tout à fait du Béranger, c'est tout de même rudement plus fort que du Soutif ou de l'Hubert Fillay... En criant très fort, ça marchera « supérieurement »).

Les Mérois, les rouges aussi bien que les blancs, doivent se sentir pénétrés de reconnaissance envers M. le sénateur Gauvin. Le consul Cicéron n'avait pas fait mieux en l'an 63 avant J.-C. pour la Ville Eternelle de Romulus. C'est par la seule force de leur parole que Cicéron et M. Gauvin ont sauvé tous deux leurs cités respectives.

Pour perpétuer le souvenir du grand sénateur-maire il faudrait un buste avec une inscription. Mais le bronze est trop cher, le plâtre trop fragile. Faute de mieux, on en sera réduit à donner son nom à une des rues de la ville. La mode est du reste à ces baptêmes-là... Et dans une cinquantaine d'années les petits Mérois prendront le nom d'Eusèbe Gauvin pour celui d'un général du temps de la Grande Guerre. Dans leur imagination, ils le verront caracoler sur un cheval fougueux avec un chapeau à plumes et un uniforme chamarré. Pourquoi non ? Il n'y a pas qu'au Moyen-Age qu'on voit se former des légendes : le colonel de Villebois-Mareuil est mort il n'y a pas vingt-cinq ans après une carrière exclusivement militaire. On a donné son nom à l'un des quais de Blois et aujourd'hui certains Blaisois prennent M. de Villebois-Mareuil pour un jurisconsulte ou pour un historien local. — Ainsi M. Gauvin court la chance d'être nommé général à titre posthume. — Trompettes, ouvrez le ban !

D'autre part, on ne peut se défendre d'une certaine appréhension en pensant à ce qui aurait pu arriver, si M. Gauvin n'avait pas réussi à imposer sa manière de voir, — sa dernière, — si juste et si modérée. Il semble à cet égard que la « formation administrative » des treize conseillers majoritaires soit un peu insuffisante. Ils n'ont pas sur les libertés publiques et sur le rôle du Conseil d'Etat statuant au contentieux des idées adéquates. Comment remédier à cet abus ? La question vaut la peine d'être envisagée. Songeons-y bien : c'est l'avenir même de la commune qui est en jeu non moins que sa réputation !

Les électeurs pourraient évidemment, lorsque l'occasion se présentera, résoudre eux-mêmes le problème en confiant leurs intérêts à d'autres représentants. Mais la succession est assez scabreuse, et puis surtout cela ferait tant de peine aux pauvres éliminés ! Messieurs les électeurs, soyez bons pour treize conseillers municipaux qui veulent rester conseillers municipaux, et ne recourez aux extrémités fâcheuses que s'il n'y a plus aucun moyen de faire autrement.

Or nous pensons qu'un moyen de ce genre existe, et que le problème revient tout bonnement à exiger des élus actuels que, par un effort persévérant, ils parviennent à s'adapter à leurs fonctions délicates avec l'aisance que met un gant de peau bien souple à s'adapter sur la main d'une jolie femme. Et vraiment cela ne demande qu'un peu de bonne volonté.

Il leur faut, avant tout, travailler sans relâche à compléter ce qui manque à leur instruction. Cela fait, le reste ira tout seul. Mais par où commencer ? Car la méthode pédagogique est loin d'être indifférente lorsqu'on s'adresse à des hommes d'âge dont les cerveaux n'ont plus la malléabilité de l'enfance. Cependant, il faut avouer que les opinions peuvent différer sur l'ordre du programme. L'un jugera qu'il faut commencer par l'étude de l'histoire, qui est une discipline nécessaire pour quiconque détient une parcelle de l'autorité publique. Un autre estimera qu'il faut aller au plus pressé et exposer à ces Messieurs le commentaire raisonné des lois qui régissent l'administration communale et tout particulièrement leur montrer où commencent et où finissent les pouvoirs légaux des maires « en ce qui concerne la police. » — Pour nous, nous pensons que ce qu'il y a de plus urgent, c'est de leur enseigner la morale. « La morale, disent les philosophes, est « la science des règles selon lesquelles on *doit* « juger et agir. » Qui ne voit qu'une telle science est d'une portée universelle ? Tous nos actes en relèvent. Elle ne se borne point à ces premiers principes, vénérables mais élémentaires, que l'enfant apprend sur les genoux de sa maman. Sans la morale le droit administratif n'est qu'hypocrisie, l'histoire que fatras dangereux. La morale est une science souveraine et parfois si complexe et si difficile qu'on a pu dire qu'il existe des cas où il est plus facile de faire son devoir que de le connaître. Quelque sage qu'on soit, à quelque âge qu'on soit parvenu, on peut toujours réfléchir sur ces questions et, en fait, nous le faisons tous vingt fois par jour. Dans l'exercice de son mandat un conseiller municipal consciencieux trouve notamment bien des occasions embarrassantes au point de vue moral... Quand il s'agit, par exemple, d'enlever les tas d'ordures qui encombrent la voie publique, doit-on, avant toute autre considération,s'assurer des convictions politiques du candidat cantonnier ? Les fonds du Bureau de bienfaisance sont-ils destinés aux pauvres comme l'indique le sens naturel des mots ou bien constituent-ils une caisse politique destinée à préparer des élections favorables ? — Bref, dire que certains « amis » de M. le maire de Mer doivent apprendre la morale,ce n'est pas le moins du monde manquer au respect qui leur est dû, mais c'est constater une vérité contre laquelle personne ne peut s'insurger.

Du reste, il y a une circonstance fortuite qui doit nous déterminer à mettre la morale en tête du programme. Pour enseigner d'autres matières, il faudrait peut-être avoir recours à un professeur spécialiste résidant en dehors du pays et ce professeur ferait payer son déplacement très cher, plus cher que le moniteur de gymnastique de *la Méroise*. Mais pour la morale point n'est besoin d'aller si loin et le maître spécialiste est dans la commune elle-même...

Sur les confins du hameau de Saint-Marc et de celui de Montcellereux, près d'une place étroite plantée de marronniers, s'élève une jolie petite école laïque. Ce ne sont point ici les murs rébarbatifs de l'école de la rue de la Brèche où le souvenir austère des anciens congréganistes gêne un peu, semble-t-il, les maîtres qui leur ont succédé. Avec son toit d'ardoises neuves et ses fenêtres de brique, la petite école de campagne a l'air de sourire. Nous trouverons dans ses murs aimables le professeur que nous cherchons. C'est là, en effet, que dans l'isolement et le grand air, éloignée du tumulte du monde et recueillie en sa philosophie, Mlle Biesse, lauréate de la Ligue française d'éducation morale, apprend aux enfants des environs les quatre règles et le babebibobu. Oh ! les heureux moutards de Montcellereux d'avoir comme cela une institutrice lauréate, qui a rédigé un beau manuel d'éducation morale ! S'ils ne sont pas les plus moraux du monde c'est qu'ils y mettront une mauvaise volonté insigne.

Certainement Mlle Biesse, avant d'écrire le livre qui fait sa célébrité, a longuement étudié les meilleurs auteurs et s'est livrée à des méditations approfondies. Son sexe même, qui, au premier abord, pourrait paraître lui donner une légère infériorité, n'ajoute après tout à son enseignement qu'un charme de plus. Nous avons donc raison de dire qu'elle est bien le professeur expérimenté dont les leçons conviennent à MM. les conseillers municipaux majoritaires. Que ceux-ci se précipitent donc. L'école de Montcellereux est la plus rapprochée des écoles de hameau. Elle n'est qu'à vingt-cinq minutes de l'Hôtel de Ville... L'honneur de représenter la commune de Mer vaut de plus grands efforts.

Sans connaître Mlle Biesse autrement que par sa renommée, nous sommes sûrs qu'elle recevra ces Messieurs avec bonne grâce. Elle les fera entrer respectueusement dans la plus confortable des salles de classe, et s'excusera de les faire asseoir sur des bancs trop étroits pour leurs fesses. Puis, après avoir laissé leurs yeux écarquillés errer sur les cartes de géographie et le tableau du système métrique qui ornent les murs, — car c'est un principe de pédagogie qu'on doit laisser tomber d'abord la première curiosité du disciple, — après être elle-même montée dans sa chaire professorale et avoir esquissé une légère toux un peu émue, elle fixera ses auditeurs de ses petits yeux malins et commencera d'une voix douce sa première leçon.

Elle dira des paroles ailées dans le genre de celles-ci :

(« Mes chers petits enfants, — je veux dire : Mes-
« sieurs les conseillers municipaux majoritaires, —)
« La raison fait notre valeur infinie.

« L'esprit de parti nous aveugle et nous empêche
« de rendre justice à nos adversaires. Le jour où les
« habitants d'un village prendront conscience de
« la communauté de leurs intérêts, leur situation
« sera bien améliorée. Les haines de village font
« toujours le jeu de quelqu'un, (en particulier des
« Boches). Nos vrais amis, ceux dont les intérêts
« sont les nôtres, ce sont les villageois qui travail-
« lent comme nous. Celui qui trouble la vie sociale,
« voici ce qu'il fait : autant qu'il le peut, il s'effor-
« ce d'empêcher le travail en commun et par suite,
« il essaie de ramener les hommes à la grossièreté,
« à la stupidité, à l'animalité. Quiconque n'est pas
« juste pour autrui est un ennemi de tout le monde,
« car si les injustes étaient très nombreux, la vie
« en société serait impossible : ce serait la guerre,
« le pillage. Plus d'éducation : en peu de temps
« ce serait le retour à la sauvagerie : les hommes
« redeviendraient des brutes.

« Quand nous agissons méchamment, nos senti-
« ments sont les mêmes que ceux des scélérats.
« Les pensées, les actes injustes sont comme les
« pensées et les actes des exploiteurs, des violents,

« des bourreaux. Chaque fois qu'un enfant (je veux « dire un conseiller municipal) est injuste, méchant, « brutal, il est semblable à Néron..., aux grossiers « barons féodaux du Moyen Age... à ceux qui, sans « jugement, emprisonnaient à la Bastille des inno- « cents..., aux planteurs qui faisaient fouetter, par- « fois jusqu'à la mort, leurs esclaves... »

A cette évocation terrible, on voit d'ici le frémissement de l'assistance. Mlle Biesse, qui a l'habitude, ne s'émeut pas et continue :

« Voilà à quelle espèce de méchantes gens ap- « partient un enfant (et encore plus un conseiller « municipal) dès qu'il commet une injustice : il « fait partie de la lie de l'humanité.

« Ce qui était insupportable pour les hommes de « cœur avant la Révolution et sous le régime impé- « rial (pauvre régime impérial !) c'était l'absence « de respect de la personne humaine.

« Aussi devons-nous lutter pour ennoblir nos pen- « chants (et d'autant plus que nous occupons une « situation sociale plus élevée). De même que l'hom- « me a transformé un épi sauvage en froment, de « même nous pouvons transformer notre violence « en courage et en initiative, épurer nos sentiments, « convertir notre orgueil en dignité. On n'y arrive « pas sans luttes et sans échecs, mais *quand on le* « *veut, on le peut.*

« Voici bébé qui essaie de marcher. Il tombe à « chaque instant. Est-ce qu'il va rester par terre ? « Oh ! que non ! Il *veut* apprendre à marcher « et il *saura.* De jour en jour, il tombe moins sou- « vent. Nous qui savons marcher, est-ce que nous ne « tombons plus jamais ? Est-ce que, lorsque nous « tombons, nous restons étendus à terre, découra- « gés ? Nous nous relevons et nous nous moquons « de nous-mêmes...

« C'est ainsi qu'il faut faire lorsque nous tombons « en apprenant à devenir raisonnables. Nous nous « sommes laissés aller à un accès de paresse, ou de

« voracité, ou de colère, ou d'envie ? Vite moquons-« nous de nous-mêmes ! Disons-nous : je me suis « laissé conduire par mes vilains revenants (c'est-« à-dire par mes mauvais instincts); je ne me suis « pas conduit comme un enfant raisonnable, mais « je veux être raisonnable et je le serai. »

Sans doute nous n'avons pas la prétention d'avoir reproduit ci-dessus le mot à mot d'une conférence de Mlle Biesse. Et comment le pourrions-nous faire, puisqu'à l'heure où nous écrivons, ces conférences ne sont pas encore inaugurées ? Mais qu'on se rassure ! Pour reproduire par anticipation et pourtant avec le maximum de vraisemblance l'enseignement qui sera donné à nos chers conseillers municipaux, nous nous sommes adressés aux sources les plus officielles, et ne pouvant emprunter un passage à l'ouvrage même de Mlle Biesse qui n'a pas encore vu le jour chez les libraires (à cause sans doute de la crise du papier), nous nous sommes adressés à un autre ouvrage qui a toutes les sympathies de l'Université, à un ouvrage que le ministère de l'Instruction publique autorise et qui est ou sera demain en usage à l'école de la rue de la Brèche, à un ouvrage enfin qui n'est pas le moins du monde suspect de cléricalisme attendu qu'il est depuis 1909 condamné par l'Episcopat français.

Oui ! le morceau qu'on a lu est extrait lettre pour lettre, à la seule exception des mots mis entre parenthèses qui sont de simples gloses ne modifiant rien au sens... est extrait du livre *La Morale à l'Ecole* par M. Jules Payot, aux pages 202, 56, 124, 34, 35, 37, 30, 28 et 40 de l'édition de 1920. Les incrédules peuvent vérifier facilement, car la célébrité de l'ouvrage est universelle dans le monde primaire.

Pour que Mlle Biesse ne souscrive pas aux idées que M. Payot exprime dans ces lignes-là, il faudrait qu'elle soit bien sévère. Elle y souscrit certainement. Après tout, les professeurs de morale laïque ne sont pas les aruspices de l'Orateur romain et peuvent peut-être se rencontrer un instant sans rire.

5

Au reste, laïques ou non, ces phrases sont excellentes à méditer, et ce ne sont pas elles, croyons-nous, qui ont attiré les foudres épiscopales.

Que messieurs les conseillers municipaux, que les députés, les sénateurs, les mandarins de tout ordre et de tout grade, que les simples citoyens, quelles que soient leurs occupations et leurs convictions, que tous enfin depuis M. Millerand, Président de la République et gardien de la Constitution, jusqu'au plus humble des petits domestiques de ferme, que tous s'en inspirent et y conforment leur conduite. Alors le monde ira mieux, et l'on finira peut-être par voir refleurir le bon vieux temps, si regretté de nos grand'mères, où les assemblées communales ne s'occupaient guère de la politique générale, où la diversité des opinions n'empêchait pas la concorde profonde, où l'union enfin était si étroite que nos petites villes ressemblaient à autant de grandes familles et que l'instituteur public lui-même mettait son orgueil à venir jouer magnifiquement de l'ophicléide, le dimanche, au lutrin. Spectacle attendrissant et bien fait pour remuer les cœurs sensibles de Mlle Biesse et de M. Payot !

Jours anciens, jours heureux, reviendrez-vous jamais ?
Je ne suis pas le seul dont la voix vous réclame,
Bien d'autres font ce vœu du meilleur de leur âme,
C'est le vœu capital de tous les bons Français.

Si Mer vient à guérir de sa dispute infâme
Je voudrais célébrer cette aurore de paix
Par un poème dont j'entrevois les grands traits
Dans un rêve imprécis mais qui pourtant m'enflamme.

Ouvriers et bourgeois, fermiers et laboureurs,
Vous prenez en ce rêve un relief de vainqueurs :
Vos aïeux n'ont pas fait les œuvres que vous faites.

Les peupliers du Val semblent bercer leurs têtes
Dans un frisson d'amour et d'espoir sans pareil
Et notre vieux clocher regarde le soleil !

APPENDICES

A) SUR L'ORTHOGRAPHE DU MOT MÉROIS.

Dans tout le cours de ce volume nous avons écrit l'adjectif géographique qualifiant les habitants du doux pays de Mer de la façon suivante : *mérois* avec un e fermé et un seul r. Cette orthographe est l'orthographe officielle. Elle a pour elle l'autorité de M. le pasteur de Félice qui a écrit sur l'histoire du protestantisme à Mer un ouvrage aussi érudit que partial. — Il convient toutefois de noter que le grammairien du dialecte du canton de Mer, dans un ouvrage de haute valeur scientifique, adopte la forme *merrois*. Cette dernière forme a été également adoptée par l'*Association merroise pour l'enseignement libre* et il semble bien qu'elle soit la plus conforme à la prononciation actuelle des citoyens de Mer qui se flattent de parler purement. (Voir F. Talbert. *Du dialecte blaisois et de sa conformité avec l'ancienne langue et l'ancienne prononciation française.* Thèse de doctorat-ès-lettres présentée à la Faculté de Paris. 1 vol. petit in-4°. Paris et La Flèche. 1874. — Préface).

B) LE MAIRE DE MER ET LES ECLAIREURS DE SAINT-LAURENT.

Quand nous disons (p. 13) que les personnes de passage dans la commune de Mer n'ont aucune part aux rigueurs de la police municipale, il faut mentionner cependant une curieuse exception. Ce n'est pas une société bolcheviste ou un groupe de repris de justice amnistiés qui l'ont provoquée. Non ! ce sont les jeunes *Eclaireurs de Saint-Laurent*, Société orléanaise de boys-scouts catholiques qui étaient venus à Mer en 1916 pour une colonie de vacances, sous la direction de M. l'abbé P. Guillaume, vicaire de leur paroisse. Ces jeunes imprudents ne se servaient pas « de fanfare ou instruments quelconques »... ils chantaient tout simplement. Ils chantaient et ce fut assez !

L'incident du patronage Saint-Laurent a été signalé aussitôt par les journaux de Blois et d'Orléans, par certains journaux de Paris (*la Croix* et le *Journal des Débats*) et même par *l'Avenir du Puy-de-Dôme*. Nous ne pouvons résister au plaisir de citer l'article de l'académique *Journal des Débats*. Il porte la date du 17 septembre 1916. Le voici :

Un maire peu tolérant.

« Au mois d'août, un de nos abonnés a conduit « dans le département de Loir-et-Cher une colonie « de vacances composée de cinquante enfants d'Or- « léans. Ces enfants, étant des *boys-scouts* du pa- « tronage, faisaient dans la campagne des marches, « des exercices et des manœuvres.

« Le 15 août, ils ont donné aux habitants de la « ville de Mer une fête d'éclaireurs qui a attiré « plus de 600 personnes.

« Ces « petits soldats », comme on les appelait « à cause de leur uniforme bleu clair, recevaient un « excellent accueil de la population des localités « qu'ils traversaient au cours de leurs promenades, « au pas cadencé, en chantant des refrains tels « que *Sambre-et-Meuse, Le Chant du Départ, la* « *Marseillaise* et *Tipperary*. Mais ces distractions « inoffensives n'ont pas eu l'heur de plaire au maire « de la ville, un sénateur nommé E. Gauvin. Au bout « de trois semaines de séjour de la petite troupe, il « a fait notifier à l'organisateur de la colonie un ar- « rêté municipal remontant à plusieurs années et « interdisant à toute Société de défiler sur le ter- « ritoire de la commune avec accompagnement de « tambours, de clairons et de chant, à moins d'être « munie d'une autorisation du maire.

« Notre abonné, un peu surpris de cette sévérité « tardive, s'est empressé de se mettre en règle en « sollicitant la permission. Il s'est heurté à un re-

« fus, qu'il s'est expliqué en apprenant que le mai-
« re de Mer avait pour principe de traiter de la
« même manière toutes les Sociétés de musique et
« de gymnastique organisées par des gens qui n'a-
« vaient pas l'honneur de compter parmi ses amis
« politiques. Mais il a appris aussi que cette ma-
« nière de manifester l'impartialité municipale n'a-
« vait pas été goûtée de la justice administrative.
« Le Conseil d'Etat avait, en effet, quelques années
« auparavant, annulé, sur le recours d'un intéres-
« sé (1), comme n'étant justifiés par aucun motif
« d'ordre public, deux refus d'autorisation formu-
« lés par le même maire dans des circonstances
« analogues.

« On voit que le sénateur placé à la tête de la
« commune de Mer a sa façon particulière de prati-
« quer l'union sacrée, et qu'il se soucie aussi peu
« des décisions de la justice administrative que de
« la devise inscrite sans doute sur son hôtel de
« Ville et où figure le beau mot d'Egalité. »

Lors du retour des jeunes colons en 1917 et 1918, les mêmes histoires recommencèrent. Il y eut même, croyons-nous, un procès-verbal de dressé, lequel d'ailleurs ne fut pas suivi de poursuites. Mais de désordre public, à coup sûr, il n'y en eût jamais.

...En ce temps-là, les Boches étaient à Noyon, et faisaient défiler à grand fracas leurs musiques militaires dans toutes nos villes envahies...

Pour en finir avec cette question des *Eclaireurs de Saint-Laurent*, il est à noter que l'ampliation remise à M. l'abbé Guillaume reproduit inexactement l'arrêté du 16 juin 1913, fidèlement copié par nous aux pages 11 et 12 de la présente histoire : L'article deux a été supprimé et cela intentionnellement, comme le démontre le changement de numérotation des articles suivants, l'article trois devenant l'arti-

---

(1) Un an seulement presque jour pour jour, sur la requête de la Société elle-même qui a qualité pour ester en justice (Loi du 1er juillet 1901, art. 6).

cle deux, l'article quatre l'article trois et ainsi de suite. Il est probable que le secrétariat de la mairie de Mer a trouvé au dernier moment que la mention des marionnettes et des animaux savants était tellement grotesque qu'il y avait lieu de la supprimer de cette façon astucieuse. Oh ! ne transformons pas à notre tour les mouches en éléphants ! L'intention fut louable et le procédé énergique. Tout de même n'est-il pas drôle de voir le sénateur-maire de Mer ainsi « censuré » par son propre salarié ?

C) LES COMPLICES DE L'ABBÉ ROZET.

Liste des gymnastes de l'Etoile Saint-Hilaire *à la date du* 19 *septembre* 1920.

Adultes.

MM. Roger Thibault, porte-drapeau; René Saulnier; Henri Lablée, champion de la F. G. S. P. F. pour le Loir-et-Cher en 1920 et 1921; Henri Dedun, clairon; Emile Tournois, clairon; Robert Bourdin, clairon; Marcel Rabier, clairon; Gabriel Filliau, clairon; Georges Dutems, clairon; Fernand Rabier, clairon; Paul Dutheil, tambour; Jean Creiche, tambour; Albert Delahaye, cymbalier; Roger Rabier, grosse caisse; Maurice Jacquot, Daniel Leroux, Georges Péan, Joseph Lablée, Marcel Camus, André Coutenceau, Louis Leroux, Léon Mercier, Aristide Meyniel.

Pupilles.

MM. *Robert Maffre, tambour-major; Alfred Dupuy*, clairon; Maurice Cassegrain, clairon; Roger Maignan, tambour; Joseph Creiche, tambour; André Caillard, tambour; Jean Maffre, François Caillard, Jacques Boucher, Pierre Chaudefosse, Bernard Auger, Gilbert Cocu, Roger Champion, Bernard Regano, Henri Leroux, Marcel Delahaye, Jean Callault, *Maurice Mestivier, Louis Cherrier, Marcel Jombert,* Henri Boulay, Marcel Rossignol, Jacques Callault, Marcel Filliau, Jean Cassegrain, Olivier Raimbault, Edouard Mercier, Charles Meyniel.

TABLE DES MATIÈRES

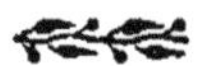

Grande Imprimerie de Blois, place de l'Ave-Maria. — 13464

GRANDE IMPRIMERIE
DE BLOIS
PLACE DE L'AVE-MARIA

www.ingramcontent.com/pod-product-compliance
Ingram Content Group UK Ltd.
Pitfield, Milton Keynes, MK11 3LW, UK
UKHW021630260726
13994UKWH00003B/1152

9 782329 199764